MEINER

SEHNSUCHT FOLGEN

SPIRITUALITÄT

IN UNRUHIGEN ZEITEN

Impressum

Bibliografische Information der Deutschen Nationalbibliothek
Die Deutsche Nationalbibliothek verzeichnet diese Publikation in der Deutschen Nationalbibliografie; detaillierte bibliografische Daten sind im Internet unter http://dnb.de abrufbar.

1. Auflage 2020

Umschlagabbildung: Wellen mit Sonnenaufgang,
© Pexels / Pixabay.com
Gesamtherstellung: Paulinus Verlag, Trier
Layout und Satz: Annette Massing
Druck: Repa-Druck, Saarbrücken-Ensheim
ISBN 978-3-7902-1967-8
www.paulinus-verlag.de

MEINER SEHNSUCHT FOLGEN

SPIRITUALITÄT IN UNRUHIGEN ZEITEN

Harald Müller-Baußmann

paulinus

Inhaltsverzeichnis

Einleitung

Gottes Wort bewegt. Das ist der Anfang von allem. Der Anfang der Schöpfung. Der Anfang des Glaubens. Der Grundstein der christlichen Spiritualität. Was Gott bewegt, kommt ins Leben. Wo Gott bewegt, beginnt ein Prozess. Er ist bis heute nicht abgeschlossen. Weil die Welt nicht ist, sondern wird. Sie bleibt in Bewegung und verändert sich. Menschen verändern sich. Der Glaube verändert sich. Wir sind als Christen immer in Bewegung. Und verändern uns. Und wir verändern die Welt um uns. Und unser Innerstes verändert sich und bewegt sich.
Die genuine Ausdrucksform des Glaubens ist die Glaubenshaltung, die Beziehung, die ich als Christ zu Jesus Christus habe. Diese Beziehung kann ganz unterschiedlich sein und ist von anderen Menschen nicht zu bewerten, da niemand weiß, wie Menschen ihr Glaubensleben empfinden und ausdrücken. Obwohl der christliche Glaube auf Gemeinschaft ausgelegt ist, wird er in unserer Zeit doch als sehr privat verstanden. „Man" sagt nicht, was in einem vorgeht, wenn der eigene Glaube thematisiert wird. Nichts ist heute so intim wie der Glaube. Er ist insofern aus der Öffentlichkeit weitgehend in die Privatsphäre verlagert.

Zweifellos gehört Spiritualität trotz des immensen Glaubensverlustes in der Gesellschaft zu den religiösen Modewörtern unserer Zeit. Als Herzwort der schwer fassbaren „neuen Religiosität" bezeichnet der Jesuit Josef Sudbrack Spiritualität. Ähnlich äußert sich der Theologe Winfried Haunerland: „Spirituell wollen viele Menschen sein und suchen deshalb nach spirituellen Wegen und Techniken – heute natürlich häufig außerhalb der verfassten Religionsgemeinschaften und ohne dass dies mit einem klaren Bekenntnis verbunden sein muss. Religiosität und Spiritualität werden dabei nicht selten gleich bedeutend verwendet. Aber häufig wird Spiritualität auch als Wechselbegriff für das Wort ‚Frömmigkeit' angesehen." Der alleinige Weg in die Innerlichkeit ist jedoch eine Flucht vor der Welt. Der spirituelle Mensch lebt seinen Alltag aus dem Glauben beziehungsweise aus dem Geist des Evangeliums. Dabei ist christliche Spiritualität umfassender als gemeinhin angenommen und integriert auch die dunklen Seiten des Lebens: Wie der Jesuit Stefan Kiechle herausstreicht, sündigt der Mensch, daher ist die Welt voll Unglück und Leid, voll Unrecht und Gewalt. Der spirituelle Mensch sucht Gott zum einen als ein Sünder, der Täter des Bösen geworden ist, zum anderen als der Leidende, der Opfer des Bösen geworden ist. Spirituelle Wege haben daher viel mit Heilung und mit Vergebung zu tun; das Böse und Dunkle wird integriert und verwandelt und – nur ansatzweise verhüllt, aber doch im Vorblick auf endgültige Rettung – überwunden.

Gottes Wort bewegt und löst im gläubigen Christen eine Reaktion aus. Was aber wird ausgelöst? Es ist wie ein Angestoßen-Werden von einem guten Freund, der es gut mit mir meint. Nun los, mach schon! Es ist wie das leichte Säuseln eines Lufthauchs, der durchs Gesicht streichelt. Es ist wie bei der Liebe, bei der die Worte zunächst versagen. Es ist ein inneres Fühlen und Spüren, es ist wie die Welle, die das Wasser sanft an den Strand spült. Es ist wie der Moment vollkommenen Glücks. Alles sollte jetzt genau so bleiben, wie es in diesem Bruchteil einer Sekunde ins Dasein springt. Und nichts ist mehr wie es vorher war. Und genau das ist die Bewegung Gottes. Sie verändert mein Fühlen des Gegenwärtigen. Und sie verändert die Wahrnehmung von Leben. Sie öffnet das Tor für Güte und Milde.

Es ist die ganz große Einfühlung in das absolut Neue. Indem der Mensch aufmerksam wird für die Bewegung Gottes, bewegt er nun sein Leben selbst. Entweder zu einem Ja oder einem Nein. Wenn der Mensch dann Gottes Ruf bestätigt, zieht wie ein Strom Gottes Geist in seine Seele ein. Gottes Wort bewegt, selbst wenn der Angesprochene sich dem Wort verweigert, bewegt es. Denn der Angerufene muss so oder so Stellung beziehen. Und das hat Auswirkungen auch auf das weitere Leben des Angerufenen. Gottes Wort bewegt den Menschen und die Kirche, die nicht aus Gebäuden und Strukturen besteht, sondern aus lebendigen Menschen, aus Gläubigen, die ihr JA zu Christus gegeben haben und gemeinsam mit den anderen Gläubigen sich auf den Weg gemacht haben, um Gottes Botschaft weiterzusagen, aber auch um selbst wiederum zu bewegen.

In diesem Buch geht es um Wege, seine eigene Spiritualität zu erkennen und zu leben. Dazu ist es notwendig zu klären, wie das Dasein des heutigen Menschen in unserer Gesellschaft sich im Zusammenhang mit den sozialen Komponenten zeigt. Welcher Geist herrscht heute? Wie reagieren die Menschen darauf? Wo sind Christen mehr denn je gefragt und herausgerufen? Welche Perspektiven bietet christliche Spiritualität? Glaube und spirituelles Leben sind nicht voneinander getrennte Bereiche christlicher Haltung. Sie gehören zusammen in ihrer innerkirchlichen Ausfaltung und Kommunikation und der tätigen Teilhabe am Auftrag des Christen, das Evangelium zu leben und zu verkündigen. Das ist nicht allein Aufgabe der Hauptamtlichen in der Kirche. Alle sind aufgerufen. Die Haltung von Menschen ist meist ausschlaggebend dafür, ob andere dem, was verkündet wird, im alltäglichen Leben folgen wollen.

Es wird darauf Wert gelegt, auch die praktische Seite des spirituellen Habitus zu beleuchten. Das heißt, Möglichkeiten aufzuzeigen, worin Spiritualität besteht, welche Auswirkungen sie auf das Zusammenleben mit anderen Menschen hat. Die Frage eines jeden muss daher lauten: Komme ich authentisch rüber, bin ich wahrhaftig und kann man das an meinem Leben ablesen? Lippenbekenntnisse alleine reichen nicht aus. Gefragt ist die Tat. Doch bevor die Tat „geschieht“ ist eine Verankerung des Geistlichen im Leben des einzelnen erforderlich. Dazu muss niemand Theologie studiert haben, sondern es zeigt sich an der Lebensweise. Kindern zu sagen, sie müssten sonntags in die Kirche gehen, nützt wenig, wenn man selbst nicht zur Kirche geht. Die Wertschätzung anderer Menschen ist ein ethisches Postulat und erreicht seine Tiefe erst, wenn es im Kontext des spirituellen „Auf-dem-Wege sein" mit Christus auch gelebt wird.

Doch es geht bei der Tiefenbohrung christlicher Spiritualität auch um den Sinn des je eigenen Lebens. Was gibt meinem Leben Halt und Tiefe? Bleibe ich an der Oberfläche in der menschlichen Begegnung oder lasse ich mein Gegenüber spüren: Ich höre dir zu, ich interessiere mich für dein Leben, deine Sorgen, deine Freuden und dein Leid. Jetzt bin ich ganz bei dir. Wir sind jetzt ganz unter uns und was du mir sagst, verschließe ich in meinem Herzen. Nichts davon dringt nach außen. Du kannst dich auf mich verlassen.

Je mehr ein Christ seiner Gottessehnsucht in seinem Leben Raum gibt, desto gefestigter wird sein Glaube. Wenn er tiefer in das Geheimnis des Gottessohnes eindringt, wird er Jesus Christus auch als seinen ständigen Begleiter wahrnehmen. Wenn das „Du" ausgesprochen wird, festigt sich das eigene Ich und kann Bestandteil des Lebens werden. Dann werde ich hoffentlich das Gefühl haben, ich bin nicht alleine, ganz gleich, was auch im Leben geschieht. Denn Jesus ist verlässlich. In der Geschichte vom Sturm auf dem See (Mk 4,35–41) wird offenbar, dass er absolut präsent ist – selbst im Schlaf. Nur haben die Jünger dies zu dem Zeitpunkt noch nicht verinnerlicht. Erst als Jesus dem Sturm die Stirn bietet, gehen ihnen die Augen auf – und auch die Angst verschwindet, als das Boot wieder in ruhigem Fahrwasser dahingleitet.

Als ich während meines Urlaubes in Polen in der Krakauer Vorstadt Nowa Huta die Kirche zur Gottesmutter, der Königin Polens besichtigte, fiel es mir wie Schuppen von den Augen. Denn an der linken Schiffsseite an den sich durchkreuzenden Balken, die das Zwischengeschoss stützen, hängt eine fast acht Meter große Figur von Christus. Der Körper des Gekreuzigten ist weit nach vorne gestreckt, der Oberkörper nach vorne gewölbt und die Arme sind nach hinten gedehnt, als würde er sich gegen etwas stemmen. Die Haltung der Figur erinnert mich an 100-Meter-Sprinter, die kurz vor dem Ziel sich weit nach vorne dehnen, um als erste durch das Ziel zu kommen. Zur Entstehung dieser außergewöhnlichen Kirche muss man die historisch-politische Situation in den 60er und 70er Jahren des vergangenen Jahrhunderts berücksichtigen, um zu verstehen, warum das riesige Kirchengebäude als Schiff aufgebaut ist. „Arche des Herrn" heißt die Kirche im Volksmund, die zahlreiche Gebets- und Andachtsräume in sich birgt. Arche symbolisiert das Bergende und Schützende, das vor der Sintflut rettete, bevor Gott einen erneuerten Bund mit seinem Volk schloss. Die Bezeichnung „Arche des Herrn" symbolisiert den Sieg der Gläubigen von Nowa Huta über die Sintflut des totalitaristischen Regimes der damaligen Volksrepublik Polen. Gleichzeitig ist sie ein

starkes Zeichen der Rettung und des Schutzes vor dem Unglauben und der Verfolgung durch die kommunistischen Atheisten.
Die Katholiken des Stadtteils Nowa Huta sind bis heute stolz auf „ihre Arche“, die für sie ein Zeichen der Freiheit in ihrem Glaubenskampf während der politischen Zwangsherrschaft ist. Diese Menschen haben das Kreuz des Herrn auch in der Zeit der politischen Stürme in Polen hoch gehalten. Das Kreuz als Symbol für die Überwindung von Folter, Verfolgung und Tod ist als 68 Meter hoher Mast auf der Arche zu sehen. Das Kreuz als Mast der Arche und die Christusfigur im Kircheninneren sind mehr als symbolische Wahrzeichen. Sie haben eine spirituelle Dimension, die weit über die politischen Aussagen hinausreichen. In ihnen steckt eine Kraft, die schon beim Anblick Erstaunen und Ehrfurcht hervorrufen. Dort will sich der Besucher ausruhen und die Atmosphäre auf sich wirken lassen und das Geheimnis des spirituellen Reichtums genießen.
Persönliche Spiritualität leben heißt zunächst, seiner inneren Sehnsucht folgen. Wie aber kann man seiner Sehnsucht folgen in einer Welt, die verspricht unsere Sehnsüchte durch den Konsum materieller Güter zu stillen? Gerade in unserer westlichen Beheimatung gibt so ziemlich alles, was man sich kaufen kann und was viele Menschen glauben haben zu müssen. Durch eine allgegenwärtige Werbung werden Sehnsüchte und Bedürfnisse geweckt, die angeblich unsere Lebensqualität steigern sollen.
Echte Sehnsucht meint nicht das Bedürfnis, be-

stimmte Dinge zu besitzen, weil man sonst im Leben zu kurz kommt. Sehnsucht geht über das Materielle hinaus und verweist auf Ideelles; was allerdings auch mit dem „Haben“ zu tun hat, aber auf eine ganz andere Art und Weise. Vielleicht diese Sehnsucht: mein Leben in den Griff zu kriegen, endlich die Frau fürs Leben zu finden, wieder gesund zu werden, verlässliche Freunde zu finden oder jemand, der mit mir auf der gleichen geistigen Wellenlänge liegt. Die Liste ließe sich beliebig verlängern. Tatsache ist:

Jeder Mensch hat Sehnsüchte. Niemand ist so perfekt, dass er an das Leben selbst keine Ansprüche stellen würde. Doch sind diese Sehnsüchte auch der Erkenntnis geschuldet, dass ich mit mir allein nicht auf Dauer lebensfähig bin. Es ist die Einsicht, angewiesen zu sein auf andere Menschen, nicht unbedingt auf andere Dinge. Im Begriff „Sehnsucht“ steckt das Wort „Sucht“. Mein Sehnen wird irgendwann so stark, dass ich süchtig werde danach.

Wer süchtig nach dem Leben ist, wird alles in Bewegung setzen, um das so teure „Gut“ zu bekommen. Da kann es passieren, dass ich falschen Sehnsüchten folge und mein persönliches Glück von anderen Menschen abhängig mache. Dies geschieht oft bei unerfüllten Partnerwünschen. Ein Mann „kauft“ sich zum Beispiel eine Frau aus einem anderen Kulturkreis.

Dass es kulturelle Unterschiede gibt, die oft schwer wiegen, spielt in dem Moment keine Rolle. Etwaige Probleme tauchen erst nach einer gewissen Zeit

auf. Eine Befriedigung der Sehnsüchte ist in der Tat nicht einfach. Oft sind es auch Illusionen, denen Menschen hinterher träumen.
Und dann gibt es eine tiefe innere Sehnsucht, die mit dem Glaubensleben zu tun hat. Gespeist von der Einsicht, dass Gott in meinem Leben eine große Rolle spielt und der Wunsch, Gottes Geheimnis zu ergründen. Um die Wege, diese Sehnsucht zu füllen, geht es im hier vorliegenden Buch. Es geht um Sehnsüchte nach dem Unaussagbaren und damit um ein spirituelles Anliegen, von dem man nicht mehr loskommt. Auch eine Sucht, allerdings ohne schädliche gesundheitliche und soziale Folgen.
In diesem Buch wird kein gerader Weg vorgezeichnet, den man einfach so beschreiten könnte wie zwischen den Punkten A und B. Um diesem Bedürfnis in seiner ganzen Vielschichtigkeit auf die Spur zu kommen und es überhaupt sprachlich fixieren zu können, sind kreisförmige Bewegungen erforderlich. Spiritualität ist nie ein direkter Weg zum Ziel. Es gibt auch keine kürzeren oder längeren Strecken, die zu bewältigen sind. Vielmehr muss jeder seinen eigenen Weg hin zu Gott finden. Dazu sind Suchbewegungen nötig. Mal kommt man dem vermeintlichen Ziel etwas näher und dann ist man wieder sehr weit entfernt. Gott entzieht sich, ohne dass er dadurch nicht mehr da wäre. Gott ist eben nicht zu fassen. Aber jeder Mensch hat seine eigene Biographie, mit der auch ein entsprechendes spirituelles Bedürfnis einhergeht. Die Auseinandersetzung mit dem eigenen Leben, den Wünschen und Hoffnungen, den Freuden und

Ängsten oder Niederlagen – all das gehört dazu. Spiritualität lässt den Suchenden reifen. Das geht nicht ohne Opfer, weil ich Gott nicht „haben" kann.
Dieses Buch will Mut machen, will den Suchenden auf den Weg schicken, ohne zu wissen, was ihm widerfährt und wem er begegnet. Denn es lohnt sich, immer wieder neu mit seiner Suche nach Gott zu beginnen: nach dem Unbedingtem, nach dem Unaussprechlichen, dem Transzendenten oder ganz gleich, welchen Namen man ihm geben möchte.

Der Stand der Dinge

Die Warteschleife

In den 90-er Jahren lief in den Kinos der Film „Und täglich grüßt das Murmeltier". Der Inhalt ist schnell erzählt: Der chronisch schlecht gelaunte Wetterreporter Phil soll über das alljährliche Wetterritual zum Murmeltier-Tag am 2. Februar in der Provinz berichten. Das nervt ihn. Doch er gerät plötzlich in eine Zeitschleife und muss immer wieder denselben Tag erleben. Er versucht aus diesem Wahnsinn auszubrechen, in dem er immer neue Wege sucht, den ständigen Wiederholungen der Ereignisse des 2. Februars zu entkommen – ohne Erfolg. Sogar ein Selbstmord ist nicht möglich. Immer wieder erwacht er morgens im gleichen Hotelzimmer mit der gleichen Musik aus dem Radio. Erst als er die Zuneigung seiner Kollegin Rita gewinnt und sich in sie verliebt, kann er aus der Zeitschleife ausbrechen und mit Rita ein neues Leben beginnen.

Was durchaus komisch wirkt und für viele Lacher sorgt, ist in Wirklichkeit ein Höllentrip. in diesem Film erlebt der Wetterfrosch Phil einen Wahnsinn, der ihn selbst in den Wahnsinn treibt. Das System, in dem er gefangen ist, ist hermetisch abgeriegelt. Es scheint kein Entkommen zu geben. Wäre da nicht die Liebe und die Umkehr zu einem besseren, den Menschen zugewandten Leben. Was ist aber wirklich passiert? Man kann sagen, der Versuch Phils, der Zeitschleife zu entkommen, ist der Versuch, sich selbst zu erlösen. Das kann nicht funktionieren, weil Phil dem System, in dem er sich befindet, selbst angehört. Die Rettung kann nur von jemandem ausgehen, der stärker ist als das System, der die Riegel des Gefängnisses aufsprengen kann. Und das ist die Liebe und zwar in der Form der Liebe zu einer Frau und der Nächstenliebe zu anderen Menschen. Erst die Liebe sprengt die Ketten. Weil sie das geschlossene System übersteigt, weil sie zu Veränderung befähigt. Zunächst jedoch muss Phil sich darauf einlassen – was er dann auch tut. Er übt sich in Hingabe. Hingabe kann nur ein beseelter Mensch ausüben. Er muss erst von der Liebe durchdrungen werden, sie ehrlich empfinden und nicht nur vorspielen. Dieser Film hat eine unglaublich spirituelle Ausstrahlungskraft und zwingt den Zuschauer zum Nachdenken über die eigene Lebenssituation.

Die heutigen Menschen befinden sich ebenfalls in einer Art Warteschleife, die sich durchaus auch als eine Art Zeitschleife erweisen kann. Wir erleben Situationen, die wir lieber nicht erleben würden: Wir werden gequält von negativen Gedanken und Selbstzweifeln, manchmal aber auch von Arroganz und Oberflächlichkeit anderen Menschen gegenüber. Wir glauben aus einem Teufelskreis nicht ausbrechen zu können, weil wir Lösungen immer wieder im System selbst suchen. Doch das System bietet keine Lösungen. Sie müssen hereinbrechen, weil die Haltung zum Leben und die Verhaltensweisen sich ändern müssen. Das zu erkennen ist der wirkliche Schlüssel.

Wir selbst sind nämlich das Problem. Das heißt nicht, dass unsere Umwelt und die Menschen, mit denen wir leben, die uns täglich begegnen, die unsere Kollegen oder Freunde sind, keinen Einfluss auf uns ausüben würden. Doch gilt noch immer die Unterscheidung: Was ist gut für mich, was muss ich neu durchdenken und verändern. Es geht nicht darum, die eine oder andere Stellschraube in unserem Lebenssystem neu zu justieren, es geht auch nicht darum, für Missgeschicke und Unglücke im Leben immer wieder irgendwelche Schuldigen auszumachen und diese dann als Übeltäter zu brandmarken. Es geht immer um die Kardinalfragen: Was ist gut für mein Leben? Wo will ich mit meinem Leben hin? Welches Ziel habe ich vor Augen? Und wie erreiche ich dieses Ziel? Wer ist wichtig in meinem Leben? Wen will ich mitnehmen auf dem Weg? Auf was kann ich verzichten? Was stört in meinem Leben oder hindert mich daran, so leben zu können wie es meiner Meinung nach besser sein könnte? Wen will ich als Freund oder Freundin und warum gerade ihn oder sie? Welche Themen sind ständig in meinem Kopf? Was treibt mich um? Wo fühle ich Wärme, wo Kälte?
Die Liste der Fragen lässt sich beliebig verlängern. Grundtenor muss aber sein, die eigene Lebensmelodie zu finden und sie dann zu orchestrieren. Ich lebe nicht alleine, bin immer auf andere angewiesen, die meinem Leben Richtung geben können, die mir guttun oder mich auch auf schlechtere Wege führen. Die es vielleicht auch schon getan haben. Deshalb

ist der Geist der Unterscheidung vonnöten. Dazu braucht der Mensch einen Selbststand und die Distanz, die eigene Welt, in der er lebt, von der Welt der anderen gegebenenfalls unterscheiden zu können. Es ist zweifellos nicht einfach, sich in unserer Welt sicher zu bewegen. Denn die Beeinflussung von außen ist enorm. Während sich der mittelalterliche Mensch noch in einer übersichtlichen Gesellschaft befand, in der oben und unten klar geregelt waren durch den jeweiligen Stand, in den man hineingeboren wurde, stellt sich die Welt von heute ganz anders dar. Man kann das als Freiheit bezeichnen mit der Möglichkeit einer enormen Ich-Stärkung. Doch die Wirklichkeit sieht meistens ganz anders aus. Sich über die Welt und ihre Möglichkeiten, die einfach vorhanden sind, zu informieren, wird zu einem immer größer werdenden Problem. Wo sich informieren? Welche Medien sind tauglich? Wo werden möglicherweise falsche Fährten gelegt, wo lauern Gefahren? Das weltweite Netz an zugänglichen Informationen ist ein einziger Wirrwarr. Nur selten gibt es glaubwürdige Wegweiser durch das Gestrüpp von Tatsachen und Meinungen, von Fake-News statt Wahrheiten, die verlässlich sind.

Neue Formen der Kommunikation

Wenn Sie aufmerksam durch die Straßen unserer Städte gehen, stellen Sie fest: Mit gesenktem Kopf, den Blick auf das Smartphone gerichtet, laufen nicht nur junge Menschen durch die Gegend. Nehmen sie ihre Umwelt wirklich noch wahr? Die Zahl der Suchterkrankungen im medialen Bereich steigt und steigt. Menschen vereinsamen, ohne es zu merken. Die Welt der Computerspiele, aber auch die sozialen Netzwerke ersetzen oft den persönlichen Umgang mit anderen Menschen. Kinder, Jugendliche und auch Erwachsene werden zu Opfern einer stetig zunehmenden Reizüberflutung, ohne dass sie dies registrieren.

Wo bleibt da die Freude am gelebten Augenblick? Oder mal das Faulenzen draußen in der freien Natur bei ausgeschaltetem Smartphone? Ist der Zwang, ständig online sein zu müssen, nicht schon krankhaft? Können sich Menschen nicht mehr mit sich selbst beschäftigen oder durch die Straße gehen ohne mit gesenktem Kopf auf das rechteckige elektronische Teil zu schauen?

Doch es geht noch weiter: Alles muss schnell gehen. Man will nicht nur auf dem schnellsten Weg von A nach B kommen, was durchaus sinnvoll sein kann. Es muss schnell gegessen werden, noch schneller gesprochen werden, als gelte es jeden Augenblick mit Wörtern anzureichern. Schnelle Worte sind auch schnelllebige Worte, oft nur Worthülsen.

Wenn die Sprache verloren geht oder nur noch rudimentär gebraucht wird, geht auch Welt verloren. „Die Grenzen meiner Sprache bedeuten die Grenzen meiner Welt“, lautet ein oft zitierter Satz des Philosophen Ludwig Wittgenstein. Eine durchaus einleuchtende Einsicht, die einem im Hinblick auf die oben geschilderten Beobachtungen Kopfschmerzen verursachen kann. Wohin dann mit der Aussagekraft von Menschen, wenn es nichts mehr auszusagen gibt? Sprache ist noch immer ein fundamental wichtiges Medium, um Weltbeziehungen herzustellen. Jahrhundertelang war das gedruckte Buch das zentrale Moment der Welterfahrung und Welterschließung. Doch scheint es mehr und mehr abgelöst zu werden von Bildschirmen. „Immer mehr Tätigkeiten und damit Beziehungsformen werden heute über die symbolvermittelnden Bildschirmoberflächen des Smartphones, des Computers, des Laptops, der Fernseher und der Touchscreens entwickelt und abgewickelt. Wir arbeiten am Bildschirm, wir informieren uns über den Bildschirm, wir identifizieren uns mittels der Bildschirme, wir spielen an ihnen, kommunizieren mit ihrer Hilfe, wir zerstreuen und unterhalten uns über Bildschirme und sie sind sogar dabei, die Basis für unser Kunsterleben zu werden. Bildschirme leiten darüber hinaus auch die maschinell ausgeführten Interaktionen mit der Welt, indem wir per Touchscreen Garagentore öffnen, Heizungen andrehen, fotografieren, kochen usw. Wir sind auf dem Weg in eine Gesellschaft, in der der größte Teil unserer Weltbeziehungen bildschirmvermittelt und in der unser Weltverhältnis als ganzes bildschirmsymbolvermittelt geprägt ist“, schreibt der Soziologe Hartmut Rosa.

Doch welche Konsequenzen zieht das für uns Menschen und unser Verhältnis zur Welt nach sich? „Zum Ersten wird der Bildschirm zu einer Art Nadelöhr, durch das sich unsere Welterfahrung und Weltaneignung vollzieht, was eine tendenzielle Uniformierung oder Mono-Modularisierung des Weltbezugs zur Folge hat. Die Welt antwortet uns, und wir erreichen sie, auf immer dieselbe Weise, über den immer gleichen Kanal, mittels der stets gleichen Augen- und Daumenbewegungen. Und zum Zweiten wird die physische Welterfahrung dadurch trotz aller technischer Neuerungen extrem reduziert: Die Welt, mit der wir interagieren, kommunizieren, an der wir arbeiten und in der wir spielen, riecht nicht, sie hinterlässt keine Gravitationswirkungen und taktilen Empfindungen und lässt keine Geschmackswahrnehmungen zu", fährt Rosa fort.

Eine solche Beziehung zur Welt funktioniert weitgehend entleibt, das heißt: Der Körper, unser Leib, ist an allem fast nicht mehr beteiligt und an ihm haftet kein Stück Welt mehr. Er scheint überflüssig zu werden. Die geistige und körperliche Welt fallen auseinander, so dass sie beziehungslos werden. Die Aufmerksamkeit wird damit auf einen winzigen Ausschnitt des physischen Raumes – in dem Fall das Display – konzentriert. Problematisch wird das Ganze, wo sich die Weltbeziehungen auf einen einzigen Resonanzkanal reduzieren.

Doch welche Rolle spielt bei der Aneignung von Welt und den Erfahrungen mit der Welt die Religion, der Glaube? Es geht um die drängende Frage: Welche Rolle spielen Religion und religiöse Sehnsucht im Leben von uns Heutigen? Es gibt mehrere denkerische Ansätze, jedoch scheint mir der Ansatz des

jüdischen Religionsphilosophen Martin Buber für die Bestimmung eines spirituellen Ansatzes am interessantesten. Es lässt sich feststellen, dass ein wesentlicher Kern der religiösen Erfahrung und Attraktivität in der Idee einer entgegenkommenden, antwortenden Welt liegt, die uns berührt und der wir unsererseits entgegenzugehen in der Lage sind. So unterscheidet Martin Buber zwei Grundarten der Beziehung zur Welt und zu den Dingen und zum Wesen der Welt. Er nennt sie Grundworte bzw. Grundwortpaare. „Die Welt ist dem Menschen zwiefältig nach seiner zwiefältigen Haltung. Die Haltung des Menschen ist zwiefältig nach der Zwiefalt der Grundworte, die er sprechen kann. Die Grundworte sind nicht Einzelworte, sondern Wortpaare. Das eine Grundwort ist das Wortpaar Ich-Du. Das andere Grundwort ist das Wortpaar Ich-Es. Somit ist auch das Ich des Menschen zwiefältig. Denn das Ich des Grundwortes Ich-Du ist ein andres als das des Grundwortes Ich-Es.“ Für Buber nehmen Mensch und Welt erst aus der Beziehung heraus Gestalt an. Deshalb unterscheidet er das Ich in der Ich-Du-Beziehung vom Ich der Ich-Es-Einstellung. Die Ich-Es-Beziehung beschreibt dabei das alltägliche Leben und Überleben, in Bezug auf Wissenschaft, Politik, Wirtschaft zum Beispiel. Diese Beziehungen haben instrumentellen Charakter und bezeichnen das Verhältnis zwischen Mensch und Welt.
Indem Buber den Menschen als auf ein Du hin geschaffen begreift, bestimmt er ihn seinem Wesen nach als resonanzfähig und -bedürftig. Erst in der

Begegnung mit einem antwortenden Du kommt der Mensch zu sich selbst und findet das wirkliche Leben. Ich und Du können sich ebenso verwandeln wie das Du und Es. Gott wird nun in der religiösen Dimension als ein „ewiges Du“ bestimmt. Er ist der Ursprung allen Sehnens und aller Sehnsucht.

Christliche Spiritualität beschreibt das Verhältnis von Mensch und Gott, jedoch nicht bezogen auf den reinen Glaubensakt, sondern auf die personale Beziehung, auf die nur der je Einzelne auf Gott, der schon immer war und ist und da sein wird, hin antworten kann. Der Mensch ist mithin die Antwort auf Gottes entgegengestreckte Hand, die ihn hineinnehmen will in seine Liebe zum Menschen. Im Verhältnis zu Gott überschreitet der Mensch den reinen Weltbezug und öffnet sich in eine neue Wirklichkeit hinein, die nur Gott garantieren kann. Das Verhältnis Gott und Mensch bleibt so lange bestehen, als der Mensch Gott in seiner Hingabe antwortet.

Es ist ein interpersonales Geschehen, an dem kein Dritter teilhaben und auch keinen Einblick haben kann. Der Mensch, der sich auf das „Geheimnis“ Gottes vorbehaltlos einlässt, durchbricht die Warteschleife seines Lebens und betritt völlig neue Kommunikationswege, die für niemanden einsehbar sind, folglich auch nicht bewiesen, aber auch nicht geleugnet werden können. Wer sich erst gar nicht auf diese Kommunikation und Beziehung mit Gott einlässt, verharrt in der Warteschleife seines Lebens und hofft und bangt, dass ihm der Sinn

des Lebens geschenkt wird. Da der Sinn für Nichtgläubige und spirituell Unmusikalische nie außerhalb seiner vermeintlich einzigen Wirklichkeit zu finden ist, wird er all seine Kraft auf die Diesseitigkeit des Lebens konzentrieren müssen. Und das ist anstrengend und kann zermürbend sein.
Die Langeweile, die damit verbunden ist, hängt mit der Unmöglichkeit zusammen, jemals von etwas genug zu bekommen. Es gibt kein Geheimnis, sondern nur Berechenbarkeit. Alles bleibt immer im gleichen System. Eine Überschreitung des Systems durch die Liebe und die Sehnsucht ist da nicht vorgesehen und auch undenkbar, da eine andere Wirklichkeit nicht einmal angenommen werden kann. Es gibt keine Möglichkeit des Lebens innerhalb des Systems, das gefangen hält wie den Wetterfrosch Phil im Murmeltier-Film, bevor es ihm dämmert, dass er ausbrechen muss zu einem neuen Leben.

Bloß nicht zur Ruhe kommen

So unterschiedlich Menschen sind im Hinblick auf ihre Biographien, ihre Schicksale, ihr soziales Umfeld, ihre Bildung, ihre finanzielle Situation und ihre psychische Verfasstheit – sie alle leiden oder sind zumindest bedroht von einer furchtbaren Langeweile, die sich wie zäher Schleim über ihre Seele gelegt hat. Und so fühlt sich dann auch oft ihr Leben an. Wo die Langeweile herrscht, wird der seelische Zustand immer klebriger, bis weder

Gefühle noch Visionen oder Sinn mehr vorhanden sind. Und genau das ist die Grundkrankheit von uns modernen Menschen: Wir sind auf der Suche nach Sinn, auch wenn uns das nicht immer bewusst ist. Doch der oft an den Tag gelegte Aktionismus, die Hetze, die Ruhelosigkeit, aber auch die Lethargie sind unmittelbare Folgen einer um sich greifenden Langeweile, die den Menschen mehr und mehr besetzt und innerlich abstumpfen lässt.

Ein weiteres untrügliches Zeichen unserer Zeit ist die permanente Überforderung, die ebenfalls zur Langeweile führt. Grund dafür ist das ständige Mehr, das Weiter, Höher, das Es-ist-noch-nicht-genug. Reizüberflutungen ertränken die Seele moderner Menschen: keine Ruhe mehr, kein Durchatmen, kein Sich-einfach-gehenlassen-können, keine beruhigendes Ein- und Ausatmen, keine Stillhalten, Lauschen, Schauen, Betrachten. Es kann nur weiter gehen mit dem nächsten Kick, dem nächsten Event: Musik, Film, Action, Menschen, Menschen, Menschen. Der Lärm zerreißt jede Stille, hebt empor, lässt schweben oder rasant wie eine Fahrt mit der Achterbahn, durch die Kurven fliegen, immer schneller, notfalls wird noch nachgeholfen mit Drogen oder Alkohol. Das Herz muss schmerzen, das Gefühl in der Magengrube kann nicht tief genug gehen, der Puls überschlägt sich und bei jedem Überschlag auf der Achterbahn wechselt die Welt ihre Farben.

Es herrscht Langeweile, weil die Welt nicht mehr geschieht, weil alles durchsetzt ist mit dem Schleim der Gleichgültigkeit und Belanglosigkeit und nur noch die Bewusstlosigkeit ins Aus kickt. Denn die Langeweile wartet und lähmt und mit jeder Sekunde stirbt etwas im Kopf ab, bis zur totalen Vergesslichkeit. Bis alles egal scheint. Langeweile, die geschieht einfach, während die Welt stumm geworden ist. Sie ist nur noch eine einzige Requisite, die irgendwann von jemandem abgeräumt wird. Doch verschwindet sie nicht, sondern wartet auf den nächsten Einsatz. Und der lässt nicht lange auf sich warten. Wenn doch endlich Ruhe wäre, aber nicht zu lange, nur für einen kurzen Moment.

Die Sehnsucht nach dem Meer

„Wenn du ein Schiff bauen willst, dann trommle nicht Männer zusammen, um Holz zu beschaffen, Aufgaben zu vergeben und die Arbeit einzuteilen, sondern lehre sie die Sehnsucht nach dem weiten, endlosen Meer.“ Antoine de Saint-Exupéry, von dem dieses Zitat stammt, hat die Finger in die Wunde gelegt. Bevor wir irgendetwas in Angriff nehmen können, muss die Sehnsucht in uns zu brennen beginnen. Wir müssen eine heilige Unruhe in uns spüren, die uns erahnen lässt, dass sich ein Einsatz lohnt, weil uns etwas Wunderbares erwartet. Das passiert, wenn man sein Leben neu ordnen will, wenn man zur Erkenntnis kommt, die Richtung muss sich ändern, es müssen neue Schwerpunkte gesetzt und alte Zöpfe abgeschnitten werden. Das hört sich zunächst einfach an. Aber so einfach kann niemand sein Leben umkrempeln, zu viel Ballast hängt mit daran, zu viele Emotionen und Gewohnheiten. Ein Leben lässt sich nicht schütteln wie ein Apfelbaum.

Was also tun? Einen Plan ausarbeiten? Einen Fahrplan für die nächsten Wochen, Monate oder sogar Jahre aufstellen? Das hört sich zu sehr danach an, als wäre alles machbar, was man sich vornimmt. Doch damit kommt man leider nicht weit. In dem Zitat von Saint-Exupéry steckt ein Wort, auf das es ankommt: Sehnsucht. Sehnsucht wecken, das heißt die innere Stimme, die oft die Stimme des Herzens ist, zu Wort kommen lassen. Dafür müssen aber andere Stimmen verstummen, die nicht so leicht abzustellen sind. Das wiederum bedeutet: Alles Gute, erst recht Veränderungen und Neuanfänge oder Neuaufbrüche brauchen Zeit. Damit wird es schon problematisch, denn: sich Zeit nehmen, will eingeübt werden. Denn Zeit ist ein kleines Pflänzchen, das wie alle Pflanzen Fürsorge und Wasser braucht. Fürsorge ist ein Bemühen, sich selbst zu mögen und das notwendige Wasser zum Begießen tröpfelt zunächst langsam. Erst muss der Wirrwarr im Kopf geordnet werden. Was ist das, was uns quält, was an uns zehrt, dem wir oft hilflos ausgesetzt sind, zum Beispiel wenn wir ein schlechtes Gewissen haben? Wir brauchen einen neuen roten Faden für unser Leben, doch zuvor sollten wir unser Leben auf den Prüfstand stellen. Ich persönlich nehme in solchen Situationen ein Blatt Papier und mache zwei Spalten: die eine ist mit einem Pluszeichen versehen, die andere mit einem Minuszeichen. Dann kann ich den Gedanken freien Lauf lassen und schreibe Begriffe auf, die unter Plus oder Minus aufgeschrieben werden. Dafür lasse ich mir Zeit, lege das Blatt beiseite und nehme es am nächsten Tag wieder zur Hand. Lese und ergänze, wenn nötig. Wo steht mehr? Beim Plus oder beim Minus? So kann ein Anfang aussehen. Wie ich etwas bewerte und welche Schlüsse ich daraus ziehe, ist natürlich subjektiv, sollte aber ehrlich erfolgen. Da kann es durchaus Überraschungen geben. Aber so lässt sich

ein neuer roter Faden finden, wenn ich feststellen kann, was meinem Leben gut tut, wonach ich mich sehne und was ihm schadet.
So kann ich meine Sehnsucht ernst nehmen, indem ich schaue, was sich hinter ihr verbirgt. Man kann sagen: Das Leben scheint eher Lösungen anzubieten, wenn ich mich abgrenzen kann von Einstellungen, Haltungen, Dingen, die vielleicht nicht zum eigenen Leben gehören müssen, stattdessen vielleicht ganz Anderes zum Vorschein kommt. Das könnte beispielsweise die Einsicht sein, dass zum Leben mehr Menschen oder Freunde gehören, als all die Ablenkungen, die vom eigenen Ich wegführen, Das aber muss jeder selbst herausfinden. Eines aber schält sich beim Nachdenken immer mehr hervor. Jeder Mensch braucht für sein Leben eine Grundmelodie, eine Art Hintergrundmusik, die den Alltag begleitet. Für das geistliche Leben ist diese Hintergrundmelodie das, was man mit Spiritualität bezeichnet. Doch auch hier ist gleich Vorsicht geboten!
Denn: Es gibt Wörter und Begriffe, die haben inflationären Charakter. Sie sind in aller Munde, doch weiß keiner so ganz genau, was damit gemeint ist. Noch schlimmer: Jeder meint etwas völlig anderes damit. Wenn man bei der Google-Suchmaschine nachforscht, werden Erklärungen geliefert, die so abstrakt sind, dass sie einem letztendlich auch nicht weiter helfen.
So kann man beispielsweise unter dem Stichwort „Spiritualität“ folgendes nachlesen: „Spiritualität

(...) steht für die Vorstellung einer geistigen Verbindung zum Transzendenten, dem Jenseits und der Unendlichkeit." Das sind Begriffe, mit deren Erläuterung man ganze Bibliotheken leer lesen kann. Grenzt man den Begriff weiter ein und sucht unter dem Stichwort „christliche Spiritualität", kann man zum Beispiel diese Erklärung auffinden: Sie ist eine spezifische Form, „in deren Mittelpunkt die persönliche Beziehung zu Jesus Christus steht. Sie ist daher immer auch biblische Spiritualität und rückgebunden an die urchristlichen Praktiken der Askese und Mystik. Daher weist sie auch über die späteren konfessionellen Grenzen und Besonderheiten hinaus." Noch drastischer wird es bei der nachfolgenden Erklärung, wonach „die individuelle Vervollkommnung als nicht durch Techniken erreichbar angesehen, sondern als Gnade erlebt wird. Christliche Spiritualität umfasst dabei nicht nur eine besondere Beschäftigung mit geistlichen Dingen, sondern drückt sich im Alltag aus." Das sind alles zweifellos richtige Definitionen, jedoch berühren sie einen nicht, dringen nicht ins Herz des Glaubens vor, sondern bleiben in Worthülsen stecken.

Spiritualität im eigenen Leben entdecken

Ernsthaft nähern kann man sich dem Phänomen der Spiritualität, wenn jeder in sein eigenes Leben schaut. Wo gab es da Momente, in denen ich das

Gefühl hatte, es gibt noch etwas anderes, was das Leben trägt, als das redliche Bemühen im Beruf, in der Familie, in der Gesellschaft allgemein? Hier drängt der Erfahrungsaspekt in den Mittelpunkt des Fühlens, Denkens, Handelns. Inwieweit treten meine Erfahrungen, die ich im Leben und in der Welt mache, in Verbindung mit einer Instanz, die über das Leben und den Alltag hinausreichen, einer Instanz, die wir als Gott bezeichnen? Der in der Welt nicht sichtbar ist, dessen Spuren aber wahrgenommen werden können: durch die Begegnung mit anderen Menschen beispielsweise und durch einer jedem Menschen eigenen Ursehnsucht nach dem, was das Leben erst ins Sein ruft, es erhält und es mit sich wieder vereinigt. Wenn also etwas wahrgenommen und erahnt wird, das nicht mehr deckungsgleich und erklärbar ist mit der Welt und den materiellen Erscheinungen: nicht mit physikalischen Theorien, nicht mit betriebswirtschaftlichen Gesetzen, nicht mit psychologischen Gutachten oder medizinischen Expertisen.

Wenn das eintrifft, sind wir zunächst einmal erschüttert. Das Lebenshaus beginnt zu wanken, weil Zweifel aufkommen, weil Lebensmodelle sich als falsch erweisen, weil es einfach mehr gibt als alles. Es sind auch keine Wahrnehmungen, die an einen bestimmten Ort oder an eine bestimmte Zeit gebunden sind. Wir werden mehr von diesen Ereignissen in unserer tiefsten Gefühlswelt angerührt. Wir merken dann, dass sich irgendetwas im Leben bewegt, das uns verändert, nicht nur die Sicht auf die Dinge der Welt,

sondern – so würde es der große Mystiker des Mittelalters, Meister Eckhart, umschreiben – uns in unser Ureigenstes, auf den Grund unserer Seele, führt. Dort nämlich ist das zu finden, was mit Gott umschrieben werden kann.
Jetzt ist wieder der Punkt erreicht, bei dem die Sprache an ihre Grenzen stößt. Denn wie soll das Unaussagbare dennoch gesagt und ausgedrückt werden? Das ruft oft Ängste hervor, weil die Erfahrungen als schmerzlich empfunden werden, weil all das, was einen umtreibt, rüttelt und schüttelt. So schreibt der Jesuit Karl Frielingsdorf: „Wenn der Lebensbaum auch längst aus dem Erdreich herausgewachsen und seine Baumkrone viele Meter über dem Boden erhoben ist, so bleiben seine Wurzeln, aus denen er die Lebensnahrung bezieht und lebt, doch im Erdreich verhaftet, aus dem er gekommen ist. Viele Menschen kümmern sich später wenig um ihre Wurzeln und den Mutter- und Vaterboden, in dem sie verwurzelt sind. Sie wollen sich mit diesem unsichtbaren, im Erdreich verborgenen Teil ihres Lebens nicht auseinandersetzen. Sie verdrängen ihn ins Unbewusste, erklären ihn pauschal als ‚schöne Kindheit', als nicht bedeutsam oder können sich häufig an die ersten Kindheitsjahre beim besten Willen nicht erinnern. Doch woher kommen die unerklärlichen Angstzustände? Die Minderwertigkeitsgefühle, die zwanghaften Wiederholungen, die zur Verneinung des Lebens führen? Werden sie von außen dem Lebensbaum zugetragen oder liegen sie nicht schon tief in den unsichtbaren Wurzeln begründet?"

Wenn wir unsere eigene Biographie ignorieren, was schmerzlich ist, vergessen oder ausblenden wollen, wenn wir nur die Teile unseres Lebensentwurfes gelten lassen möchten, bei denen wir uns wohl fühlen, dann wird es schwer, einen festen Stand im Leben zu bekommen und die spirituellen Kräfte zu mobilisieren. Der evangelische Theologe Gerhard Ruhbach versucht zu umgrenzen, was geistliches Leben denn ausmache. Es sei „die Bereitschaft zur Begegnung mit dem persönlichen und überpersönlichen Gott, der sich zu Wort und zur Erfahrung bringt, wann, wo und wie er es will, quer durch unsere Ortsangaben, Gottesdienstzeiten und Erklärungsbemühungen hindurch. Offene Verbindlichkeit, engagierte Erwartung, glühende Sehnsucht, liebender Gehorsam, wachsame Zuwendung, solche Einstellungen und Haltungen beschreiben geistliches Leben am ehesten."

Spirituelle Lebenshaltung oder auch geistliches Leben kommen demzufolge nicht aus ohne unsere Biographie, ohne die Erfahrungen des je eigenen Lebensweges und der Hinwendung und dem sehnsüchtigen Hinwarten auf Gott. Es gilt der Frage nachzuspüren, wer ich selbst und vor Gott bin. Um nochmals ein Bild zu bemühen: notwendig ist der Aufbruch zu einer Wanderschaft, die eine Veränderung mit sich bringt. Der Benediktinerpater Anselm Grün merkt hierzu an: „Im Wandern ziehe ich aus allem Zufälligen aus und mache mich auf den Weg zu mir selbst, auf den Weg zu Gott, zu meinem Gott, zum Gott des Lebens."Es ist der Aufbruch nicht in eine neue Heimat, sondern in eine Heimat, die schon immer in mir selbst gefunden werden wollte. Meister Eckhart sagt dazu: „Du musst zurückkehren in den Ursprung und in den Grund, aus dem du gekommen bist.“ Es ist der Seelengrund des Menschen, den Gott berührt, denn „niemand berührt den Grund in der Seele als Gott allein.“

In seiner Predigt *Ubi est qui natus est rex Judaeorum* (Wo ist, der nun geboren ist als König der Juden?) schreibt Eckhart noch präziser: „Gott ist in allen Dingen wesenhaft, wirkend, gewaltig. Gebärend aber ist er nur in der Seele; denn alle Kreaturen sind ein Fußstapfen Gottes, die Seele aber ist naturhaft nach Gott gebildet. Dieses Bild muss durch diese Geburt geziert und vollendet werden. Für dieses Wirken und diese Geburt ist keine Kreatur empfänglich als einzig die Seele.“

Wie finden wir zu unserer eigenen Spiritualität? Was können wir konkret tun, um in unserer Seele die Geburt Gottes zu ermöglichen? Wobei anzumerken ist, dass das Wort vom „Tun“ im Grunde falsch ist, da es nicht um ein Handeln oder Tun im üblichen Sinne geht. Richtiger ist es zu sagen: Wie müssen wir sein oder werden, um mit Gott in Beziehung treten zu können? Es ist der Dialog mit Gott, dessen es bedarf. Dialog bedeutet ein Gespräch mit Gott, und das ist möglich durch das persönliche Gebet, das hilft eine Beziehung zu Gott aufzubauen, und Teilnahme an der kirchlichen Liturgie. Die verschiedenen Prozesse und Wegmarken für den Dialog des einzelnen Menschen mit Gott und für den

Dialog der Kirche mit Gott sollen beleuchtet und erklärt werden. Zunächst ist festzuhalten: Ohne Dialog gibt es keine Begegnung, ohne Begegnung keine Beziehung. Das trifft auf das zwischenmenschliche Geschehen ebenso zu wie auf dasjenige mit Gott.

Als Christen sind wir eingebettet in eine Gemeinschaft von Gläubigen. Wir sind unter Gleichgesinnten, zwar jeder mit seiner eigenen Lebensgeschichte, aber dennoch ist und bleibt jeder ein ganz bestimmtes Individuum, eine durch das Leben „gewordene" Persönlichkeit; dadurch sind wir einzigartig und einmalig. Wir sind durch die Taufe Mitglied der Kirche Gottes und gleichzeitig sind und bleiben wir ganz konkrete Einzelpersonen. Als Christ sind wir immer beides. Welche Rolle spielen wir als Christ in der kirchlichen Gemeinschaft und wozu braucht es überhaupt die Kirche? Wer regelmäßig den Gottesdienst besucht, merkt, dass die Einzelelemente liturgischen Geschehens sich wiederholen. Sie werden nicht immer neu erfunden, sondern erlangen ihre Form erst durch eine Redundanz. Wir feiern in Ritualen, gottesdienstliches Feiern ist ein Ritual. Jeder kennt Rituale. Rituale helfen, unser Leben zu strukturieren, zu ordnen und wieder erkennbar zu machen. Durch Rituale erlangen wir im Leben eine gewisse Sicherheit. Daher brauchen gerade Kinder ihre Rituale: beim Zubettgehen beispielsweise die Lieblingsgeschichte vorlesen, beten, singen, dem Kind das Kreuz auf die Stirn zeichnen.

Rituale sind auch beim Gottesdienst wichtig. Sie verleihen dem Gottesdienstbesucher Ruhe, Sicherheit, Gelassenheit und innere Ausgeglichenheit, weil er sicher sein kann, dass nichts Unerwartetes passiert. Der Verlauf des Gottesdienstes ist vorhersehbar, und der Gläubige kann sich praktisch in den gottesdienstliche Geschehen durch seine bewusste Teilnahme fallen lassen. Musik, Gesang, Stille, das Hören der Botschaft Gottes und der Empfang des Sakramentes der Kommunion bei der Hl. Messe sind wesentliche Elemente, die dazugehören. Die Gemeinschaft der Mitchristen im Gottesdienst garantiert dem Einzelnen, dass er in einer Gruppe Glaubender nicht alleine ist. Er weiß sich umfangen von den beruhigenden Gedanken und Gefühlen, zu einer einzigen großen Glaubensgemeinschaft zu gehören. Gemeinsam auf dem Weg sein, ist eine Grundbestimmung des Christlichen. Und gerade die Katholische Kirche bietet jedem einen Schutzraum auf dem Weg zu Gott, der in Jesus Christus selbst Mensch geworden ist und der durch das Wirken des Heiligen Geistes die Kirche begleitet. Ein Christ ist niemals alleine. Die Gemeinschaft umfängt ihn, fangt ihn in bitteren Stunden des Lebens auf, gibt Kraft für den Alltag und lässt ihn teilhaben am Gottesdienst, wortwörtlich: am Dienst Gottes an uns Menschen. Die Kirche ist aber nicht nur die Gemeinschaft der Gläubigen, sie ist auch Verwalterin der Heiligen Sakramente. Sakramente sind sichtbare Zeichen der Gegenwart Gottes unter den Menschen. Der ehemalige Franziskanerpater Leonardo Boff

bringt das auf den Punkt: „Glaube schafft keine Sakramente, sondern lässt im Menschen eine Perspektive entstehen, in der er in den Dingen oder in der Geschichte die Gegenwart Gottes wahrzunehmen vermag. Gott ist immer in allem präsent. Freilich gibt sich der Mensch nicht in jedem Falle Rechenschaft von dieser Tatsache. Der Glaube ermöglicht es ihm, in der Welt Gott zu erahnen. Dann transfiguriert sich die Welt mit ihren Dingen und Fakten: sie wird zu mehr als nur Welt, sie wird zum Sakrament Gottes. Deshalb können auch nur die Menschen, die sich zum christlichen Glauben bekennen, christliche Sakramente verstehen."
Die Katholische Kirche kennt sieben Sakramente: zunächst die drei Initiationssakramente Taufe, Eucharistie, Firmung; sie dienen sozusagen der Eingliederung in das Volk Gottes. Und die vier Sakramente Beichte, Weihe, Eheschließung und Krankensalbung. Sie zeigen Gottes Präsenz auf in unserem Lebensalltag. Gott ist im Sakrament da an den Schnittstellen unseres Lebens: Im Sakrament der Buße, wenn wir unsere Sünden bedauern und unser Leben neu auf Gott ausrichten wollen; im Sakrament der Weihe, wenn sich Männer ganz in den Dienst und die Verfügbarkeit für Gott geben wollen; im Sakrament der Ehe, wenn Mann und Frau einen Bund schließen und zu einem gemeinsamen Ja vor Gott treten; im Sakrament der Krankensalbung, die ihn tröstet und stärkt, wenn die Kräfte des Lebens nachlassen, wenn Krankheit das Leben bedroht oder die Gebrechen des Alters. Diese sieben Sakra-

mente gehören untrennbar zur Kirche, wodurch die Kirche selbst zu einem einzigen großen Sakrament wird.
Bevor sich der Mensch als Teil einer Gemeinschaft versteht, steht er zunächst einmal als Person alleine vor Gott. Ich und mein Gott. Ich und Du. Du mein Gott und ich. Martin Buber schreibt in seinem Hauptwerk „Ich und Du“ dazu: „Der Mensch empfängt und er empfängt nicht einen ‚Inhalt‘, sondern eine Gegenwart, eine Gegenwart als Kraft. Diese Gegenwart und Kraft schließen dreierlei ein: Zum ersten die ganze Fülle der wirklichen Gegenseitigkeit, des Aufgenommen werdens, des Verbundenseins. Und das zweite ist: die unaussprechliche Bestätigung des Sinns. Er ist verbürgt. Nichts kann mehr sinnlos sein. Dies ist das dritte: es ist nicht der Sinn eines ‚anderen Lebens‘, sondern dieses unseres Lebens.“ Das sind große Worte, mächtige Worte, die Mut machen, die trösten, die ein Leben begleiten und stark machen können. Gott will uns. Jeden einzelnen ganz persönlich. Und so ruft er auch jeden persönlich in die Nachfolge Christi. Das ist nicht zu verwechseln mit einem Telefonanruf oder einer E-Mail, die man erhalt. Gott äußert sich und will gefunden werden. Wer sensibel wird für den Anruf Gottes, kann ihn auch erfahren. Gott ist in der Stille und im Schweigen zu finden. Nicht im lauten Alltagsgeschrei und nicht in der Oberflächlichkeit der Fernsehsender. Wer Gott „hören“ will muss erst in sich selbst hinein hören. Dazu ist Stille erforderlich, weil Gott ganz leise daher kommt.

Niemand muss auch drauf los plappern, sondern darf schweigen. Schweigend in das Geheimnis Gottes hinein lauschen, das ist ein Weg. Aber auch dann überhört man vielleicht Gott. Dann muss man seinen Lebensweg gehen und sich von Gott nähren lassen. Im Buch Jeremia heißt es: „Wohin ich dich auch sende, dahin sollst du gehen, und was ich dir auftrage, das sollst du verkünden. Fürchte dich nicht vor ihnen; denn ich bin mit dir, um dich zu retten.“ (Jer 1,7–8)

Viele Spiritualitäten in der einen Schöpfung

Zu welchen Quellen können wir gehen, welche geben uns das Wasser des Lebens, Nahrungsmittel gegen geistliche Erschöpfung? Dazu ist ein Blick in die Geschichte der Orden und ihrer Spiritualitäten hilfreich. Denn schon in der frühen christlichen Kirche gab es Bewegungen von (meist) Männern (später auch Frauen), die dem Nachfolgeauftrag Jesu auf besonders radikale Art und Weise nachkommen wollten. Dazu zogen sich die ersten Eremiten meist in die Wüsten zurück und führten ein armes Leben als Einsiedler. Die Motive und Beweggründe für diese frühchristliche Askese waren: „Sehnsucht nach dem engelsgleichen Leben, Wiederherstellung und Vorwegnahme des Paradieses, unblutiges Martyrium und zweite Taufe, Leben in Armut und Heimatlosigkeit und damit zusammenhängend eine Art Heimweh nach der Urkirche."

Überliefert sind viele Worte der Wüstenväter, die zu einem Leben in Demut und Bescheidenheit aufrufen. Folgende überlieferte Geschichte erzählt: Zwei Brüder kamen zu einem Altvater, der einsam in der Wüste wohnte, und der erste sprach: „Vater, ich habe das ganze Alte und Neue Testament auswendig gelernt!" Der Alte entgegnete: „Dann hast du Luft mit Worten angefüllt." Da sagte der zweite: „Und ich habe das ganze Alte und Neue Testament abgeschrieben und trage es hier in meinen Händen." Und diesem entgegnete er: „Du hast deine Fenster mit Papier angefüllt. Kennt ihr nicht den, der gesagt hat: Nicht in den Worten, sondern in Kraft besteht das Reich Gottes! (1 Kor 4,20) Und wiederum spricht er: Nicht die Hörer des Gesetzes sind gerecht bei Gott, sondern die Befolger des Gesetzes werden gerecht gesprochen." (Röm 2,13) Da befragten sie ihn über den Weg des Heiles. Er aber sagte zu ihnen: „Der Anfang der Weisheit ist die Furcht vor dem Herrn (Ps 110,10) und Demut mit Geduld. Wenn man alles, was darin beschlossen ist, tut, dann genügt Weniges. Was die Quellen, aus denen wir uns nähren können, sagen wollen, ist dies: Keiner erfindet das Rad neu, und keiner fängt als Mensch an einem Nullpunkt an, Mensch zu sein, denn wir alle stehen immer schon in einer Tradition und einem Lebens- und Sinnzusammenhang. Der Theologe Gisbert Greshake sagt dazu: „Zwischen der Quelle des Christusereignisses und uns heute steht der

Fluss der Tradition, steht das unaufhörliche Empfangen und Weiter-geben des Glaubens. Damit ist freilich nicht die mechanische Überlieferung eines ‚toten' Zeugenberichts von damals (Heilige Schrift) gemeint, keine starre Weitergabe eines unwandelbaren Bündels von wahren Sätzen, sakramentalen Handlungen und religiösen Brauchtümern. Vielmehr ist Tradition wesentlich ein Lebenszusammenhang, an dem das Christusgeschehen durch gelebte Weitergabe im Heiligen Geist unter veränderten geschichtlichen Bedingungen je neu Gegenwart wird."

Glaubenstradition ist so gesehen „ein kontinuierlicher Übersetzungsprozess des Lebens von Damals ins je Heute, wobei das Wort ‚Übersetzung' ganz wörtlich zu nehmen ist: Das Christusereignis will Gegenwart werden, in dem es wie ein Fährschiff vom Anfang des Stromes zu uns heute übersetzt. Die ständige Über-Setzung, dieser ständige Lebensprozess der Tradition, heißt Kirche." Ein schönes Bild, das das Leben als Glaubende und der Kirche Angehörende unterstreicht.

Zurück zu den Quellen

Benedikt: Ora et labora

Benedikt von Nursia (um 480–547) sammelte im 6. Jahrhundert Eremiten, um sie zu einer Klostergemeinschaft zusammenzuführen. Benedikt verfasste eine Regel für Mönche, die 73 Kapitel umfassende Regula Benedicta (RB). Das Leben in einer Abtei unter der Leitung eines Abtes wurde minutiös bis in die kleinsten Details geregelt. Benedikt kann zwar nicht als der Gründervater des Mönchtums an sich bezeichnet werden, denn sowohl die Form des Eremitentums als auch die Form des weltabgeschiedenen, gottgeweihten Lebens in klösterlichen Genossenschaften hatten schon bestanden, als er seine Regel schrieb.

Für das klösterliche Gemeinschaftsleben hatten besonders die Mönchsregeln des heiligen Pachomius (um 292/298–345) in Ägypten und des heiligen Basilius (330–379) in Kleinasien weitreichende Bedeutung erlangt. Benedikt übernahm deren Erbe und gab ihm eine neue Fassung durch seine Regel. Hierin liegt seine große Bedeutung für die Geschichte des Mönchtums und der Kirche. Die erste Abtei gründete Benedikt um das Jahr 530 auf dem Montecassino und diese Abtei darf mit Recht bis heute als der Idealtyp des benediktinischen Mönchtums bezeichnet werden. Benedikts Regel verdrängte schnell die älteren Normen des Klosterlebens im Abendland. Neben der Chorregel

des heiligen Augustinus war sie vom 8. bis ins 13. Jahrhundert die einzige abendländische Klosterregel.
Aus dem Vorwort zur Regel soll der erste Abschnitt zitiert werden, weil darin schon die grundlegenden Aussagen des Mönchtums beschrieben werden. „Höre, mein Sohn, auf die Lehren des Meisters und neige das Ohr deines Herzens; nimm' die Mahnung des gütigen Vaters willig an und erfülle sie durch Tat. So wirst du durch die Mühe des Gehorsams zu dem zurückkehren, von dem du dich in der Trägheit deines Ungehorsams entfernt hast. So richtet sich denn jetzt mein Wort an dich: an jeden, der dem Eigenwillen entsagen und die starken und herrlichen Waffen des Gehorsams ergreifen will, um dem wahren König, Christus, dem Herrn, zu dienen."
Das erste Wort der Regel lautet: „Höre!" Damit ist bereits der Grundstein für das gesamte Regelwerk gelegt. Wer nämlich wirklich hört, das heißt hinhört, stellt nicht mehr sich selbst in den Mittelpunkt, sondern seine geistig-geistlichen Antennen sind auf das ausgerichtet, was zu erhören ist. Dazu braucht es der Einübung. Von Hören kommt das Wort „gehorchen". Ein wichtiger Begriff für das Ordensleben überhaupt und für das benediktinische Mönchtum im Besonderen. Der Hörende stellt sich damit unter die Führung des Abtes, der im Kloster Stellvertreter Jesus Christi ist. Wer hört und gehorcht, begibt sich auf einen geistlichen Weg. Ein mühsamer Weg, der zu beschreiten Zeit braucht. Es ist auch ein Weg der Verwandlung. Pater Anselm

Grün schreibt dazu: „In der geistlichen Kunst bearbeitet der Mönch mit den Werkzeugen, die Benedikt ihm anbietet, seinen Leib und seine Seele, damit immer mehr die ursprüngliche und einmalige Gestalt zum Vorschein kommt, die Gott sich von ihm gemacht hat. Das Kloster ist eine Werkstatt, in der geistlich gearbeitet wird, in der die Gestalt des wahren Selbst geformt und heraus-gebildet wird."
Der spirituelle Reifungsweg ist die Demut, es ist der eigentliche innere Weg. Das Wort von der Demut ist für uns Heutige meist negativ besetzt. Man assoziiert damit ein unterwürfiges Verhalten, Verleugnung des Selbst und eine kritiklose Unterordnung. Ja sogar der Unterwerfung, so dass die Persönlichkeit quasi ausgelöscht wird. Das aber ist überhaupt nicht damit gemeint, ganz im Gegenteil. Ziel des Demutsweges ist nicht die Demütigung des Menschen, sondern seine Erhöhung, seine Verwandlung durch den Geist Gottes, der ihn ganz und gar durchdringt. Demut kommt vom Mut zu dienen. Dazu ist eine gesunde Selbsteinschätzung notwendig und das immer präsente Wissen der eigenen menschlichen Ohnmacht angesichts dessen, der alles und jeden ins Dasein gerufen hat. Anselm Grün meint: „Wer sich mit hohen Idealen identifiziert, der wird unweigerlich mit seinen Schatten konfrontiert, er wird gezwungen, sich seiner Menschlichkeit zu stellen. Und oft genug fällt er auf die Nase, weil er sich zu hoch verstiegen hat. Wer aber hinabsteigt in die eigene Wirklichkeit, in die Abgründe seines Unbewussten,

in das Dunkel seines Schattens, in die Ohnmacht seines eigenen Strebens, wer in Berührung kommt mit seiner Menschlichkeit und Erdhaftigkeit, der steigt empor zu Gott."
Wer sich also im benediktinischen Sinne auf den Weg macht, muss ein starkes Selbstbewusstsein mitbringen und sich gleichzeitig nicht davor fürchten, seine eigenen Abgründe wahrzunehmen und sie auch richtig einzuschätzen. Demut ist also ein Weg für Menschen, die sich neuen Herausforderungen stellen, die sich ihrer Schwächen bewusst sind. Ihr Dienmut – um die Demut mal anders zum umschreiben – bezieht sich ganz auf das Verhältnis zu Gott und damit auch zu den Menschen. Weil der Einzelne den Mut hat Gott zu dienen, passt er sich im Sinne Benedikts in das Klosterleben ein, das von ihm Gehorsam erwartet und Dienst am Nächsten. Es ist der Gottesdienst, der auf der sozialen Ebene des Mönches sich vollzieht und bedeutet nichts anderes, als den Abstieg in die eigene Menschlichkeit und gleichzeitig den Aufstieg zu Gott. Kurz und bündig bedeutet Demut: sich einfügen in ein größeres Ganzes und dort bereit sein zu dienen.
Mit dem benediktinischen Mönchtum ist die Aussage des ora et labora – bete und arbeite – untrennbar verbunden. Es ist das gesunde Verhältnis von Aktion und Kontemplation gemeint. Benedikt hat den Tagesablauf so strukturiert, dass Arbeit, Gebet, Studium, Mahlzeiten, kurz der ganze Tagesablauf, geregelt ist, da Müßiggang dem Mönchtum abträg-

lich ist. „Der immer gleiche Rhythmus zwischen Gebet und Arbeit, zwischen Kontemplation und Aktion, wird so Ausdruck einer zeitlosen Ordnung." Distanz zur Welt, Blick auf das Wesentliche sowie Klugheit und Maß sind neben der Demut die wichtigsten Aspekte benediktinischen Lebens. Sie dürfen auch für uns heute noch als Maßstab gelten, nach denen wir unser Leben ausrichten können.

Ein wichtiges Element – ein Standortelement – ist die stabilitas loci, die Beständigkeit des Aufenthaltsortes. Wer dem Benediktinerorden beitreten möchte, legt sein Gelübde, also sein Versprechen, auch auf die Stabilitas ab. Das heißt: die Mönche geloben ihr Leben in dem entsprechenden Kloster bzw. der Abtei zu verbringen. Sie werden auch nicht in eine andere Abtei versetzt, sondern bleiben ihr Leben lang ihrer Abtei treu. Man mag den Gedanken weiterführen und auf das weltliche Leben übertragen. Mann und Frau versprechen auch einander eine Stabilitas, nämlich eine personale, dass sie sich nicht auf einen anderen Mann oder eine andere Frau mehr einlassen werden; das ist das Grundfundament der Eheschließung überhaupt.
Benediktinische Spiritualität hat bis heute noch ihren festen Platz im spirituellen Leben auch für uns Heutige. So sind die Abteien offen für alle, die Gott suchen, viele bieten Einkehrtage, Gastaufenthalte, Rückzugsorte für beruflich erschöpfte Menschen an, sie stellen geistliche Begleiter, bieten Glaubenskurse und Exerzitien an. Manche Abtei bietet auch die

Möglichkeit der Oblation an. Das heißt: Männer und Frauen, die keine Mönche oder Nonnen werden wollen, die verheiratet oder auch unverheiratet sind und sich der benediktinischen Spiritualität anschließen wollen, können nach Absprache mit dem Oblatenrektor oder dem Abt und einer gewissen theologisch-spirituellen Reifezeit auch formell die Aufnahme beantragen und der Abtei dann eingegliedert werden. Diese Menschen verbringen ihr Leben in ihrer gewohnten Umgebung und an ihrem angestammten Arbeitsplatz und kommen jeweils zu bestimmten Zeiten mit der Oblatengemeinschaft und den Mönchen zusammen. Interessenten für diese spirituelle Lebensform können sich bei der Abtei ihrer Wahl über Einzelheiten erkundigen.

Franziskus: Vom Bonvivant zum Bettelmönch

Eine ganz neue Form der Spiritualität geht mit der Entstehung der Bettelorden im 13. Jahrhundert einher. Es war zum einen eine Zeit des gesellschaftlichen Aufbruchs, die ersten Städte erhielten Stadtrechte, das Bürgertum entwickelte sich als eigener Stand heraus, die Wirtschaft expandierte und unter dem aufstrebenden Bürgertum nahm auch die politische Teilnahme jener Schicht einen rasanten Aufschwung. Gleichzeitig gab es eine große Stagnation im kirchlichen Leben. Die Geistlichen wirtschafteten oft in die eigenen Taschen, sie wa-

ren in der Regel theologisch schlecht ausgebildet, die Vetternwirtschaft blühte. Auch die Abteien wurden immer größer und reicher, sie hatten Geld und Ländereien. Der wahre Auftrag in der Nachfolge Jesu Christi wurde – wenn überhaupt – nur noch rudimentär ausgeübt. In dieser Zeit nahm die Zahl der Menschen zu, die freiwillig die Armut auf sich nahmen, um Christus nachzufolgen. Daraus entstanden Lebensgemeinschaften der Nachfolge Christi, die nicht selten aus der gesellschaftlichen und kirchlichen Ordnung ausscherten. Es gab einen Drang zurück zu den biblisch-evangelischen Wurzeln; es waren häretische Gruppen wie die Katharer und Waldenser, die ernst machen wollten mit dem Evangelium Christi, aber dennoch nicht auf kirchlichem Boden fußten und sich ihre eigene Religion zusammenbastelten.
In die buchstäbliche Nachfolge Christi begab sich ein junger reicher Mann aus dem italienischen Assisi. Der Bonvivant war eines Tages des verschwenderischen und leichtsinnigen Lebensstils überdrüssig, kehrte dem Haus seines Vaters und der guten Gesellschaft den Rücken und wurde ein armer Bettelmönch. Franziskus (1181/82–1226) versuchte, dem armen Jesus nachzufolgen und zog mit einer braunen Kutte bekleidet mit Gleichgesinnten los, aus denen schon bald die erste franziskanische Gemeinschaft wurde. Die Geburtsstunde des großen Franziskanerordens, einem der zahlenmäßig größten Orden in der Kirche. Franziskus – mit seinem Namen steht und fällt die franziska-

nische Bewegung; das war vor 800 Jahren schon so, das ist auch heute noch so. Sein Name ist Programm, und er ist darin dem ähnlich, dem er nachfolgen wollte: Jesus Christus. Ihm wollte er es gleichtun, der keinen Platz hatte, wohin er sein Haupt hätte legen können. Radikale Armut, Armut um ihrer selbst willen. Armut, um sich mit den Gedemütigten, Ausgegrenzten, Alten, Schwachen und Kranken solidarisch zu zeigen. Dazu gehörte damals viel Mut, dazu gehört auch heute noch viel Idealismus. Franziskanische Spiritualität ist daher weitgehend die Spiritualität des Franziskus. Kein Wunder, dass schon bald nach dem Tod des Ordensgründers Streit über den richtigen und wahren Weg des Ordens ausbrach. Daran zerbrach die Einheit des Ordens und es entstanden viele Splittergruppen. Im Großen und Ganzen gibt es heute drei große Ordenszweige: die braun gekleideten Franziskaner, die schwarz gekleideten Franziskaner-Konventualen und ab dem 16. Jahrhundert die Kapuziner mit einer nach hinten spitz zulaufenden Kapuze. Zwar gibt es heute keine Vormachtstreitereien mehr, aber es ist dennoch schade, dass es im Laufe der Jahrhunderte nicht möglich wurde, alle, die sich Franziskaner nennen, auch in einem einzigen Orden zu vereinen. Gerade in der heutigen Zeit würde ein vereinigter Orden ganz andere Wirkungen erzielen können.

Nun muss man aber so realistisch sein und darf nicht glauben, dass ein Mensch dadurch gut ist, weil er arm ist. Armut ist so zu verstehen, dass die Armen im Geiste jene sind, die letztlich alles von Gott erwarten und als Ausdruck davon auch nicht materiellen Reichtum anstreben. Franziskus wollte mit Geld nichts zu tun haben und das in einer Zeit, als Europa wirtschaftlich im Aufbruch war. Es war schließlich die Zeit, in der die Geldwirtschaft immer mehr Raum einnahm und der Tauschhandel verschwand. Geld wurde zum neuen Symbol von Macht – und ist es heute mehr denn je. Die Glaubwürdigkeit des Franziskus war entsprechend groß, lebte er doch das, was er auch den Menschen predigte. Kaum ein anderer Ordensgründer hat die Spiritualität derart geprägt wie der heilige Franz. Das macht ihn sympathisch, das macht ihn volksnah, aber das entrückt ihn auch von den Menschen, weil kaum jemand sein Ideal so radikal zu leben in der Lage ist wie Franz von Assisi.

Mit dem Namen des Franziskus eng verbunden ist der Gedanke von der Bewahrung der Schöpfung. Den Grundstein dafür legte nicht die weltweite grüne Bewegung seit 1979, sondern der arme Bettelmönch im 13. Jahrhundert. Seine Nähe zur Natur, zu allen Lebewesen, ging so weit, dass er – so wird es zumindest überliefert – auch zu den Tieren predigte. Tatsache ist, dass Franz wohl als der erste wahre Grüne bezeichnet werden kann. Mit der Hinwendung zur Natur, zu allem Lebenden und Geschaffenen, seine große Affinität zu den Menschen, seine Demut, seine Compassio, sein radikales Ernstmachen mit der Armut ging aber auch einher mit einer großen Distanz des Heiligen zu wissenschaftlicher Tätigkeit, speziell zur Theologie. Das hat in dem jungen Orden viel Unmut hervorgerufen und drohte die Bewegung schon früh zu spalten. Der Welt der Gelehrsamkeit stellte er die Welt der Natur gegenüber, dem theologischen Fachbuch sein Lebens-Buch der Natur.

Wer sich mit Franziskus beschäftigt, wird früher oder später an den Punkt kommen sich zu fragen, inwieweit er in seiner Absolutheit und Radikalität Vorbild sein kann. Ob er nicht die Menschen in seiner Entschiedenheit überfordert.

Dominikus: Ein ganz neuer Ordenstyp

Einen ganz anderen Zugang vermittelt der hl. Dominikus (um 1170–1221), ein Zeitgenosse von Franziskus. War für den Italiener Franziskus die radikale Armut prägend, so war es für den Spanier Dominikus der Predigtauftrag, der dazu führte, dass er zum Gründer des Predigerordens wurde, der landläufig unter dem Namen Dominikanerorden bekannt wurde. Ob sich die beiden großen Glaubensgestalten des 13. Jahrhundert je persönlich begegnet sind, ist historisch nicht zu belegen. Dominikus litt darunter, dass es zu Beginn des 13. Jahrhunderts keine wirklich überzeugenden Prediger gab. Während der häretischen Bewegung der Waldenser scharenweise die Menschen zuliefen, war es den Geistlichen vor Ort ein größeres Bedürfnis, ihr Vermögen in Sicherheit zu bringen, als den Gläubigen das Evangelium Jesu Christi zu verkünden. Sie waren unglaubwürdig trotz ihrer Lebensart. Dominikus wollte zurück zu den Wurzeln. Sein Motto war: Leben wie die Ketzer, predigen wie die Kirche. Ihm gelang es in relativ kurzer Zeit für seinen neuen Orden nicht nur viele Mitglieder zu werben, sondern auch den Predigtauftrag von höchster Ebene her zu erhalten. Und zwar generell. Damit traten die Dominikaner in eine Konkurrenz zu den Geistlichen. Die Prediger gründeten ihre Klöster generell in Städten, wollten den Menschen und ihrem Leben nahe sein, wollten wissen, was sie wirklich bewegt und sahen es als ihre vornehmste Aufgabe an, das Wort Gottes zu predigen und für die Menschen und ihre Zeit glaubwürdig auszulegen. Doch dazu mussten bestimmte Voraussetzungen geschaffen werden. Dem jungen Orden war es wichtig, gut ausgebildete Brüder in die Welt zu schicken. Der Predigtauftrag war Sinn und Zweck des Dominikanerordens. Für Dominikus hatte die Verkündigung des Wortes einen so hohen Stellenwert, dass er die Brüder von der Pflicht des Stundengebetes befreite, damit sie sich ganz ihrem Auftrag widmen konnten.

Zu den Grundpfeilern der Dominikaner zählen – bis auf den heutigen Tag – Predigt, Studium, Gebet und Gemeinschaftsleben. Ein Orden ganz neuen Typus war entstanden. Jahrhundertelang waren die Dominikaner die geistig-geistliche Vorhut der Kirche. Gut ausgebildet, wurden sie später zur

Inquisitoren bestellt, ein wenig rühmliches Kapitel in der Geschichte dieses Ordens. Doch bis heute ist der Orden eine Ausnahme unter den anderen Orden. Ihr Ordensmeister muss nicht eigens vom Papst bestätigt werden. Ein Privileg, auf das dieser Orden bis heute stolz ist. Erst als im 16. Jahrhundert ein neuer Ordenstyp, die Gesellschaft Jesu (Jesuiten), gegründet wurde, verloren die Dominikaner ihre Vormachtstellung in der Kirche, jedoch ist die Theologie des hl. Thomas von Aquin, des großen mittelalterlichen Ordensheiligen, bis auf den heutigen Tag grundlegend und prägend.

Wann, wenn nicht in unserer heutigen Zeit, hat das Dominikanische noch immer seinen Platz?! Nie in der Geschichte hielt das Leben so viele Unwägbarkeiten für die Menschen bereit wie im 21. Jahrhundert. Von Bert Brecht stammt der Satz: „Es gibt bessere Zeiten, aber diese ist die unsrige." Ein wahrer Satz, den sich alle stets vor Augen halten sollen, wenn wieder das alte Klagelied angestimmt wird von der schlimmen Zeit, in der man lebt, in der es keine Werte mehr gibt, nichts woran man sich halten kann. Als Christ kann ich nur den Kopf schütteln. Welche Zeit war schon so, dass an ihr nichts auszusetzen gewesen wäre? Hier und jetzt gilt es aber zu leben: nicht in visionären Zeiten, nicht in Märchenwelten oder utopischen Staaten. Hic Rhodus hic salta! Hier muss gelebt werden! Die dominikanische Spiritualität ist eine zutiefst zeitgemäße. Sie ruft auf: Nehmt euch als Maßstab

die Heilige Schrift, studiert die neuesten Dokumente der Kirche, studiert die wissenschaftlichen Disziplinen, seid wachsam für alles, was das Leben klein macht! Vertraut auf Gott. Macht ihn zum Maßstab eures Handelns. Dominikanische Spiritualität ist immer die der gerade gelebten Zeit unter Berücksichtigung der vergangenen Epochen, unter Hinzuziehung des Wissens unserer Vorfahren.
Zu den Mendikanten, also den Bettelorden, die im 13. Jahrhundert entstanden sind, zählen auch die Karmeliten; aus einer ursprünglich eremitischen Lebensform auf dem Berg Karmel in Israel, entstand der „Orden der Brüder der allerseligsten Jungfrau Maria vom Berge Karmel" so die genau Bezeichnung des Ordens. Die Karmeliten verstehen sich als marianischer Orden, was in seiner genauen Bezeichnung bereits zum Ausdruck kommt. Sie haben keinen direkten Gründer. Sie beziehen sich in ihrer Spiritualität auf die Jungfrau Maria und den Propheten Elija. Im 16. Jahrhundert spaltete sich der Orden unter der Führung von Teresa von Avila (1515–1582) und Johannes vom Kreuz (1542–1591) in einen Reformorden, der stärker kontemplativ ausgerichtet ist als der Stammorden.

Wenn man danach fragt, was den Orden als so bedeutend macht, lässt sich ohne Übertreibung sagen, dass es den Karmeliten im Wesentlichen darum geht, die Menschen das Beten zu lehren. Eine starke innere Ausrichtung ist diesem Orden zu eigen. Und wie könnte ein Orden auch keine derart wichtige Funktion haben, als den Menschen unserer Zeit wieder das Gespräch mit Gott ans Herz zu legen. In vielen Kursen, Seminaren und Exerzitien steht die Vermittlung des geistlichen Lebens dieses Ordenstypus im Mittelpunkt.

Wenn man im Internet surft, stößt man auf derzeit 70 geistliche Gemeinschaften alleine in Deutschland. Darunter sind auch so bekannte wie die Gemeinschaft Christlichen Lebens (GCL) mit einer stark ignatianischen geistlichen Ausrichtung, die Gemeinschaft Emmanuel, die Fokolar Bewegung mit ihrer Gründerin Chiara Lubich, die zahlreichen Charismatischen Bewegungen, wie Schönstatt mit seiner marianischen Ausrichtung oder die Gemeinschaften Charles de Foucauld, um nur einige wenige zu nennen. Manche sind aus den Drittorden, beispielsweise der Franziskaner, Dominikaner oder Karmeliten entstanden, andere sind geprägt durch eine ganz andere geistliche Ausrichtung und Frömmigkeitspraxis. Es sind zu viele, als dass sie alle auch annähernd hier vorgestellt werden können. Immens sind auch die Literatur, die Internetauftritte und Broschüren der einzelnen Gemeinschaften.

Der Sprung in die Dunkelheit

Der Prozess des Suchens nach einer geeigneten Spiritualität braucht Zeit. Man kann sie nicht irgendwo kaufen und dann hat man sie. Sie muss zu einem passen, man muss sich wohlfühlen dabei und was noch wichtiger ist: die Spiritualität unterstützt den Reifegrad eines Menschen. Sie zeigt ihm einen Platz, an dem man dem Geheimnis Gottes auf die Spur kommen kann; man kann sich zumindest auf ein bestimmtes Ziel hin ausrichten. Doch machen wir uns nichts vor. Es ist und bleibt immer wieder ein Sprung in die Dunkelheit. Und wer sich in einem dunklen Raum befindet, will sich zunächst orientieren. Wo bin ich hier? Welche Ausmaße hat der Raum? Wartet jemand auf mich in dem Raum? Will er mir Gutes oder Böses? Wie soll ich mich verhalten?

Eine gewisse Angst ist also nicht von der Hand zu weisen. Unsicherheiten müssen überwunden, Unwägbarkeiten ausgelotet werden. Was hilft, ist das Sprechen. Doch wie mit Gott sprechen? Diesem Phänomen wollen wir uns tastend nähern. Schritt für Schritt.

Gott wird als ein Gegenüber erfahren. Umso mehr gilt dies für den christlichen Glauben, da der trinitarische Gott in sich selbst Kommunikation ist. Wer mit Gott in Verbindung treten will, wer mit ihm kommunizieren möchte, betet zu ihm.

Das heißt: Er richtet sein Sein, seine ganze Person und Individualität auf Gott hin. Der Mensch, der dies tut, geht aus sich heraus, zerbricht die Hülle der Anonymität zwischen Mensch und Gott. Er geht auf Gott zu und entäußert sich. Das aber kann nur gelingen, weil Gott sich zuerst entäußert hat. In seinem Sohn Jesus Christus hat er der Welt eine Ahnung von seinem ewigen Reich gegeben.
Gott zeigt sich durch seine Kommunikation in sich selbst. Es ist dies eine Wirklichkeit, die nur ein Schatten ist vom ewigen Glanz des Einen. Wer sich auf die Fährte von Gott begeben will, anerkennt das Geheimnis des Ewigen; Gott befindet sich aber nicht hinter einer unsichtbaren Wand. Vielmehr lässt er sein Wirken in das Leben der Menschen einsickern. Gott allein kann die Welt unseres Daseins und die Wirklichkeit seines ewigen Seins durchdringen, befruchten und in seinem göttlichen Sein erscheinen lassen.

Jedoch erfährt der Mensch nie die ganze Wirklichkeit Gottes, so wie wir das Licht mit seinen Spektralfarben in seiner Komplexität nicht sehen können. Ausgenommen ist die Erscheinungsweise des Lichtes bei einem Regenbogen. Das Licht ist Welle und Teilchen zugleich, und erst im Zusammenspiel beider kann es sich auf einer Strecke von A nach B fortpflanzen.

Edith Stein: Vor Gott stehen und beten

Beten heißt, sich Gott nähern, bebend und zitternd, ist der Versuch, etwas von der Wirklichkeit und Wahrheit Gottes für das eigene Leben ergreifen zu können. Beten heißt nicht nur reden; das auch. Beten ist auch das Schweigen Gottes im eigenen Schweigen auszuhalten. Beten heißt, sich schweigend auf den Weg zu machen. Beten heißt einfach nur da sein, dem Ewigen ausgesetzt; nichts tun und nichts wollen. Kein Blick auf das Gestern und kein Blick auf das Morgen. Nur die Sekunde, der Augenblick zählt. Und wenn er verronnen ist, dem nächsten Augenblick entgegen harren. Beten ist auch warten. Nicht auf eine konkrete Antwort, sondern das Aushalten des Schweigens Gottes in der jetzigen Gegenwart. Gott ist Gegenwart. Gott ist ein ewig währender Augenblick, der aber nur für den Bruchteil einer Sekunde aufblitzt. Zu schnell, um die Gegenwart Gottes auszuhalten. Gott ist nicht und nie zu fassen. Gott sich nähern wollen, heißt, sich auf heißem Boden zu bewegen wie Moses am brennenden Dornbusch. Gott kann nicht geschaut werden. Sonst wäre er nicht Gott. Es bleibt immer die Lücke im ständigen Sehnen und Hoffen. Beten heißt warten; warten darauf, aufgebrochen zu werden von der Milde Gottes und an die Hand genommen werden in ein Land, das noch niemand kennt und noch nie jemand gesehen hat. Aber jeder weiß, dass es das gibt – dieses Land der Hoffnung, das Ernst Bloch ganz am Ende seines dreibändigen Werkes „Das Prinzip Hoffnung“ beschrieben hat. Auch er hatte eine unbestimmte Sehnsucht nach dem, den die Christen Gott nennen.

Die große Heilige und Karmelitin Edith Stein (1891–1942) sah beispielsweise ihre Aufgabe darin, vor Gott zu stehen und zu beten – in allen denkbaren Facetten – mit dem sehnsuchtsvollen Beten auf Gott hin.

In ihrem Gedicht „Ich bleibe bei Euch …“ schreibt Edith Stein: „Der Ewige, der alle Wesen schuf, / Der, dreimal heilig, alles Sein umfasst, / Hat noch ein eig’nes stilles Reich.“

Hier beschreibt Edith Stein in lyrischer Form die zwei Wirklichkeiten, die unser Sein umfassen: Es ist das Reich des Ewigen, wohin niemand blicken kann, das aber verbunden ist mit der Wirklichkeit unserer Welt, wie sie de facto erscheint. Es ist die Wirklichkeit, in der wir leben, von der wir oft genug glauben, dass sie alles sei, nur weil eine andere für den Menschen nicht erfahrbar ist, die lediglich für uns Menschen gedacht möglich ist.

Aber sie wird noch konkreter, wenn sie weiter schreibt: „Der Menschenseele innerstes Gemach / ist des Dreifalt’gen liebster Aufenthalt, / Sein Himmelsthron im Erdenland.“

Hier berühren sich in der Tat Himmel und Erde; allerdings nur möglich durch die Initiative Gottes.

Er lebt und herrscht in mehreren Wirklichkeiten, zu der wir Menschen keinen Zugang haben, ganz gleich wie wir uns auch anstrengen mögen. Dieses Reich wird uns erst nach unserem Tod zugänglich werden.
Doch sind wir innerlich nicht entrückt vom Reiche Gottes. In Jesu Tod und Auferstehung wird es uns in der Eucharistiefeier Wirklichkeit für die Dauer der Feier und des Gebetes. Wir können uns dem Ewigen nähern, weil sich zwei Wirklichkeiten berühren. „Im Herzen Jesu, das durchstochen ward, / Sind Himmelreich und Erdenland verbunden, / Hier ist für uns des Lebens Quell. // Dies Herz ist der Dreifalt'gen Gottheit Herz / Und aller Menschenherz Mittelpunkt, / Das uns der Gottheit Leben spendet."

Gottes Schweigen aushalten

Gott lebt in uns und kann uns verändern, wenn wir ein eindeutiges Ja zu diesem Leben sagen und uns betend ändern. Denn das ist das ungeschriebene Gesetz, wonach der Mensch nicht durch das Gebet Gott oder die anderen Menschen zu einer Umkehr bewegt. Nur wir selbst können uns ändern. Gott hat dies schon von Anbeginn der Zeiten so beschlossen. Er legt somit sein Herz in unser Herz: „Es bleibt ein Glanz des Himmels in der Seele, / Es bleibt ein tiefes Leuchten in den Augen, / Ein Schweben in der Stimme Klang."

Der Prophet Elija erfährt so Gott. Bei Martin Buber lautet seine Übersetzung der Bibelstelle aus dem Buch der Könige: „Eine Stimme verschwebenden Schweigens".

Es gehört zur Unverfügbarkeit Gottes, dass der Klang seiner Stimme nur ein leises Vernehmen ist, hingehaucht an einem Ort, der keinen Lärm und keine Ablenkung verträgt. Nur im intensiven Aufmerken ist das „verschwebende Schweigen" zu ahnen. So leise, dass es sich dem ungeübten Ohr entzieht.

In seinem Schweigen liebt Gott. Diese Liebe überträgt sich auf den Hörenden und Lauschenden. Sie ist so komplex, dass sie alle Tiefen und Höhen des Lebens übersteigt. „Die Idee von der rettenden Kraft der Liebe und des Eros ist alt und wurde oft besungen. An das ‚Hohelied der Liebe' in seinem ersten Brief an die Gemeinde von Korinth erinnert folgender Lobpreis: „Die Liebe hasst nichts so sehr wie Zwang und Furcht. Und sie ist stolz und vollkommen frei [...] Denn von allem unter der Menschen ist es allein die Liebe, wenn sie rein bei jemandem wohnt, die keinen Reichtum bestaunt, keinen Tyrannen fürchtet, vor keinem Thron erschrickt, kein Gericht scheut, nicht flieht vor dem Tod. Keine Bestie schreckt sie, kein Feuer, kein Abgrund, kein Meer, kein Schwert, kein Strick. Sondern sogar das Unpassierbare ist ihr passierbar und das Mächtige bezwingbar und das Schreckliche annehmbar und das Schwere tragbar. Alle Flüsse gewähren

Furten, Stürme günstige Fahrtwinde, Berge ebene Fahrbahnen. Überall wagt sie, alles überblickt sie, alles beherrscht sie." (vgl. 1 Kor 13,4–7)
Diese Gottesliebe verausgabt sich, ist grenzenlos und absolut. Und der Mensch kann nur noch schweigen und sich wundern: „Wie wunderbar sind Deiner Liebe Wunder / Wir staunen nur und stammeln und verstummen, / Weil Geist und Wort versagt."
Wenn gesagt wird, dass Gottes Liebe grenzenlos ist, so eröffnet diese Aussage einen neuen Raum im inneren Beten zu Gott; es ist ein Zwischenraum – soweit man überhaupt von einem geometrischen Raum mit Länge, Tiefe und Höhe sprechen kann – , der neben der sogenannten vierten Dimension der Zeit noch eine weitere Konstante in sich birgt, die weder mathematisch noch physikalisch erschlossen werden kann.
Doch drängt es den Suchenden, eine Bezeichnung oder Benennung zu finden, damit dieser erweitere Raumbegriff zu erahnen ist und, erfahrbar wird. Man kann ihn in der Tat als den Bet-Raum für das Zusammentreffen von Gott und Mensch bezeichnen. Es ist diese unlokalisierbare Sphäre, in der durch die Überlappung von den zwei Wirklichkeiten ein neuer Wirk-Raum entsteht.
Edith Stein erklärt dies wie folgt: „Das Gebet ist der Verkehr der Seele mit Gott. Gott ist die Liebe, und Liebe ist sich selbst verschenkende Güte; eine Seinsfülle, die nicht in sich selbst beschlossen bleiben, sondern sich anderen mitteilen, andere mit sich beschenken und beglücken will."

Wer also betet, der zeigt sich. Und zwar in seiner ganzen Wahrhaftigkeit, weil ein wirklich ernsthaft Betender nicht vor Gott lügt. Er zeigt sich vielmehr in seiner ganzen Gebrechlichkeit, Schönheit und inneren Wahrheit, die aber nur Gott erkennen kann. Sogar noch mehr als der Betende selber, der sich nie in seiner Komplexität versteht oder begreift.

Edith Stein schreibt: „Das Gebet ist die höchste menschliche Leistung. Das Gebet ist eine Jakobsleiter, auf der des Menschen Geist zu Gott empor- und Gottes Gnade herniedersteigt."

Wenn dieses Argument tatsächlich zutrifft, muss es zwangsläufig zu einer Begegnung zwischen Gott und Mensch kommen. Und eine solche bleibt nie ohne Folgen für den Menschen. Gottesbegegnungen gehören zum subjektiven Empfinden des Begegnenden, sind somit für andere, die sich am gleichen Ort befinden, so nicht zu erfahren, sind vielmehr verbunden mit Angst und Furcht vor dem eben Gesehenen und Gehörten.

Die Begegnung des Menschen mit Gott ist einzigartig, individuell, an einen bestimmten Ort und eine bestimmte Zeit gebunden. Sie vollzieht sich ohne „Vorwarnung", sie ist nicht planbar und hinterlässt tiefe Spuren in der Erlebniswelt des Menschen, den Gott ausersehen hat, ihm zu begegnen. „Wo die Seele nicht mit ihren Kräften tätig ist, sondern nur noch ein Gefäß, das die Gnade in sich empfängt, spricht man von mystischem Gebetsleben."

Edith Stein qualifiziert, in Anlehnung an Teresa von Avila, die verschiedenen Stufen des Gebetes: Dabei nennt sie als niedrigste Stufe das mündliche Gebet. Ein solches Gebet ist formal wie inhaltlich festgelegt und dient einer Ritualisierung des Gebetes. Man denke an Gebete wie das Vaterunser, das Ave Maria, den Rosenkranz oder das kirchliche Stundengebet.

Ein solches Gebet hat den Vorteil, dass die Gebetsworte nicht zusätzlich neu interpretiert werden müssen, dass sie vielmehr ein Gerüst darstellen, an dem man sich in Gott hinein fühlen, ja sich sogar ganz fallen lassen kann, weil die Struktur des Gebetes viel Freiraum lässt für das Zulassen der eigenen Emotionen. Denn das Gebet spricht nicht nur den Verstand und den Willen an, sondern rührt an menschlichen Gefühlen.

Interessant ist dieser Aspekt, wenn man bedenkt, wie alte, demenziell stark veränderte Menschen, selbst in dem tiefsten Dunkel, in dem sie sich oft befinden, noch die Worte des Gebetes wissen. Sie können die Gebete hinunter sagen und sich darin aufgehoben wissen. Ihr ganzes Leben, ihr oft unerträgliches Leiden an der eigenen Verwirrtheit, empfinden sie für kurze Zeit als Erleichterung und innere Befreiung.

Wo die menschliche Einflussnahme endet: Das betrachtende Gebet

Die nächste Stufe ist das betrachtende Gebet. Hier wird die Sprache durch Bilder ersetzt. Und dem Betrachtenden öffnen sich Landschaften des Lebens und Erlebens. Frei gesetzt werden können so beispielsweise Ereignisse aus dem Leben Jesu, wobei der Betrachtende sich ganz in die jeweilige Szene hinein betend versenken kann. Der Betrachter wird damit ein Schauender und kann der eigenen Welt durch sein betrachtendes Beten und Für-wahr-Halten eine neue Seinsdimension verleihen. Wer betrachtend neue Wirklichkeiten erschließt, die sich dem Innersten, dem Kern seines Menschseins öffnen, lässt einen Schein der Herrlichkeit Gottes sich widerspiegeln.
Die nächste Stufe ist das „Gebet der Ruhe oder der Einfachheit“ Der Mensch, der das Tun der Kontemplation vorzieht – wobei das ein unbewusster Prozess ist – erfährt eine Wende. Edith Stein schreibt: „An Stelle der mannigfaltigen Tätigkeit tritt eine Sammlung der Geisteskräfte. Die Seele ist nicht mehr imstande, verstandesmäßige Überlegungen anzustellen oder bestimmte Entschlüsse zu fassen; sie ist ganz und gar gefangen von etwas, was sich unwiderstehlich aufdrängt: das ist die Gegenwart ihres Gottes, der ihr nahe ist und sie bei sich ruhen lässt.“
Gott ist hier nicht in der Sprache gegenwärtig, sondern im Bild. Der Betende nähert sich unwill-

kürlich „der Grenze des mystischen Gnadenlebens“. Er selbst kann die Grenze nicht überschreiten. In seinem Streben, der Wirklichkeit Gottes näher zu kommen, sie vielleicht sogar irgendwie erfahren zu können, erreicht er das Stoppschild, worauf steht: Hier endet die menschliche Einflussnahme; hier beginnt heiliges Gelände, so wie es Mose mit dem brennenden Dornbusch erfahren hat.

„An diese Stufe der mystischen Begnadung schließen sich vielfache Zustände an, die auch nach außen hin als ordentliche kenntlich sind: die Ekstasen und Visionen. Die Kraft der Seele wird durch die übernatürlichen Einwirkungen so angezogen, dass ihre niederen Vermögen, die Sinne, ihre Tätigkeit ganz einstellen: sie sieht und hört nichts mehr, der Leib empfindet bei Verletzungen keinen Schmerz mehr, wird in manchen Fällen starr wie der eines Toten. Die Seele aber führt – gleichsam außerhalb des Leibes – ein gesteigertes Leben: bald zeigt sich ihr der Herr selbst in leiblicher Gestalt, bald die Gottesmutter, ein Engel oder Heiliger; sie schaut diese himmlischen Gestalten wie in leibhaftiger Wahrnehmung oder auch in der Einbildungskraft. Oder ihr Verstand wird übernatürlich erleuchtet und bekommt Einblick in verborgene Wahrheiten.“

Laut Teresa von Avila gibt es noch eine letzte Stufe, es ist die „höchste Stufe der Begnadung – die mystische Vermählung.“ Hier wird erreicht, was ein Mensch überhaupt erreichen kann. Sich in die größtmögliche Nähe des Ewigen zu begeben. Und Edith Stein schreibt mit Hinblick auf das Innere Leben ihres großen Vorbildes, der heiligen Teresa: „[Die Seele] genießt seine Gegenwart auch mitten in äußeren Geschäften, ohne darin im mindesten gehindert zu sein.“ Der oft zitierte Satz der Gründerin des Ordenszweiges der teresianischen Karmeliten, wonach Gott auch zwischen den Kochtöpfen zu finden ist, findet hier seine spirituelle Entsprechung, wird hier in das konkrete Wort gehoben.

Es vollzieht sich die Annäherung des Menschen an Gott gleichzeitig mit der Bewegung Gottes in die menschliche Seele hinein. Es handelt sich hierbei um zwei parallele Suchbewegungen, die sich in der Seele des Menschen begegnen. Der Mensch betet sich in Gott hinein, und Gott verbindet sich mit ihm in der menschlichen Seele, dem Mittelpunkt irdischen Seins überhaupt.

Ähnliche Gedanken findet man auch bei Meister Eckhart in seinen deutschen Predigten. So heißt es in seiner Predigt 4, angelehnt an die Textstelle in Gal 4,4: „Gott sandte seinen Sohn in der Fülle der Zeit: – zu der Seele, wenn sie über alle Zeit hinaus geschritten ist. Wenn die Seele der Zeit und des Raumes ledig ist, so sendet der Vater seinen Sohn in die Seele“. In der Predigt 5a werden diese Gedanken noch vertieft, wo es heißt: „Er sandte ihn in die Welt. ‚Mundum‘ besagt in einer Bedeutung ‚rein‘. Merkt auf! Gott hat keine eigentlichere Stätte als ein reines Herz und eine reine Seele; dort gebiert der Vater seinen Sohn, wie er ihn in der Ewigkeit gebiert. Gleiches gilt für seine Predigt 6: „Der Vater gebiert seinen Sohn in der Ewigkeit sich selbst gleich. [...] Ich sage noch mehr: Er gebiert mich nicht allein als seinen Sohn; er gebiert mich als sich und sich als mich und mich als sein Sein und als seine Natur. [...] Der Vater gebiert seinen Sohn ohne Unterlass. Wenn der Sohn geboren ist, nimmt er nichts mehr vom Vater, denn er hat alles; wenn er aber geboren wird, nimmt er vom Vater. [...] Man soll Gott nicht als außerhalb von einem selbst erfassen und ansehen, sondern als sein Eigen und als das, was in einem ist. [...] Gott und ich sind eins. Durch das Erkennen nehme ich Gott in mich hinein; durch die Liebe hingegen gehe ich in Gott ein."

Hat Edith Stein Meister Eckhart gelesen? Unwahrscheinlich jedenfalls ist das nicht, denn sie ist mehr vom Predigerorden beeinflusst, als man vielleicht glaubt. Ihre Jahre als Lehrerin in Speyer haben in ihrem intellektuellen Leben zweifellos Spuren hinterlassen, hat sie doch im dortigen Kloster auch gemeinsam mit den dominikanischen Schwestern gewohnt.

Edith Stein war ein einsamer Mensch, darüber täuscht auch der lebhafte Briefwechsel mit führenden Intellektuellen der damaligen Zeit nicht hinweg. Wie aber war sie als Privatmensch?

Damit sich der Himmel öffnen kann

Edith Stein hat ihr Privatleben nach außen hin abgeschottet. Niemand sollte da Einblick erhalten. Jedoch hatte sie ein lebhaftes inneres Leben, das sich mit Eintritt in den Orden vertiefte. Mehr und mehr verinnerlichte sich ihr Leben. Interessant sind in diesem Zusammenhang persönliche Notizen von ihr wie beispielsweise diese hier, als sie am Herz-Jesu-Fest am 6. März 1936 das Herz Jesu als „unsere Wohnung" bezeichnete. Die geöffnete Seite Jesu als Quelle des Lebens beschreibt sie wie folgt: „Jesus ließ sich seine Seite öffnen. 1.) um durch das Ausfließen des Blutes den Tod unbezweifelbar zu machen; 2.) um die Größe seiner Liebe zu zeigen, indem er sein Blut bis zum letzten Tropfen hingab; 3.) um uns zu zeigen, dass Er uns sein Herz öffnet. Damit ist nicht mehr das leibliche Herz gemeint, sondern das Innerste der Seele. Es wird uns als Wohnung angeboten. Unsere Seele kann in Jesu Seele eingehen, weil beide Geist sind."

Das Leben wird zur Liturgie, ihr Gebet zum Heilsweg auf Gottes Wirklichkeit hin. „Die Gottheit ist auch in der sündigen Seele ‚durch ihre Gegenwart, Wesen und Macht'. [...] Aber die Seele findet sie nicht, weil sie durch die Gnade in die innerste Wohnung gezogen wird. Die Seele Jesu ist immer in ihrem Innersten mit der Gottheit geeint." Nebenbei bemerkt, könnte dieser Satz auch von Meister Eckhart stammen. Sein geistiges Erbe blitzt hier

auf und erhält neue Nahrung durch Edith Steins inneres Leben. Zeuge dafür ist ein Gebet, das sie am 29.6.1941 notierte: „Herz Jesu / Zelt Gottes unter den Menschen, / nimm uns auf / für Zeit und Ewigkeit."
Wie aber zeigt sich Edith Steins inneres Leben für die Nachwelt, oder anders formuliert: Wem zeigt sich Edith Stein, wenn sie betet, wenn sie ihr Inneres und ihr Herz dem Herzen Jesu hin öffnet und teilhaben möchte am Gnadenstrom Christi?
Es ist dies eine Zwiesprache zwischen ihr und dem Herrn, dem sie sich zeigt in ihrer Bedürftigkeit und Liebe. Kurz vor ihrem Eintritt in den Karmel schreibt sie in einem Brief an Petra Brüning, der Oberin des Ursulinenklosters in Dorsten, wie sehr sie sich auf den Eintritt in den Kölner Karmel freut, weil sie darauf hofft und vertraut, dass neue Seelenkräfte sie frei machen könnten vor und für Gott: „Ich habe ein altes Brevier mit Proprium und kann gut allem folgen. Ich darf nämlich schon jetzt die ganze geistliche Tagesordnung mitmachen und mir dazu einen Betstuhl ins Presbyterium dicht an das Gitter stellen. Natürlich wird es noch schöner sein, wenn ich erst einmal jenseits des Gitters im Chor stehen darf. Aber schon jetzt ist es überreiche Gnade. [...] Das Optimum aber ist, dass der Geist des Karmel die Liebe ist und dass dieser Geist in diesem Hause ganz lebendig ist." Sie unterstellt sich damit ganz der Gnade Gottes.
Doch quälen sie Sorgen und sie hat noch immer ein schlechtes Gewissen ihrer Mutter gegenüber und der ganzen Familie. Sie sorgt sich und bittet

um Verständnis für ihren Schritt in den Karmel. An die Schriftstellerin Gertrud von Le Fort schreibt sie am 9. Oktober 1933: „Es tut mir in diesen schweren letzten Tagen so gut, wenn etwas von den Menschen zu mir kommt, die meinen Weg verstehen – im Gegensatz zu dem großen Leid, das ich hier verursachen muss und täglich vor Augen habe. Nicht wahr, Sie helfen mir, für meine liebe Mutter bitten, dass ihr die Kraft geschenkt wird, den Abschied zu ertragen, und das Licht, ihn zu verstehen. Ich habe oft gedacht, dass es Ihnen viel bedeuten würde, meine Mutter zu kennen. [...] Natürlich habe ich auch in den letzten Monaten sehr oft an Sie gedacht, seit ich meinen Wege wusste: dass Sie nun den Karmel erst richtig kennenlernen werden, wenn Sie mich in Köln besuchen. [...] Jeder, der einen Platz in meinem Herzen und in meinem Gebet hat, wird nur gewinnen. Meine lieben Schwestern in Köln werden sich herzlich freuen, wenn Sie kommen, und Sie werden bald merken, dass das Gitter gar keine Schranken ist.“

Hier muss nochmals genauer hingeschaut werden. Denn sie schreibt von ihrer Stellvertreterrolle des Leidens in und an der Welt. Sie nimmt als Karmelitin die Welt in ihr Gebet hinein, ins Gebet, das auch von keinen Gitterschranken abgehalten werden kann. Ihr Gebet vielmehr überwindet die Schranken der Egoismen, der Einsamkeit, des Unverstandenseins von ihrer Familie und ihren Freunden und Bekannten. Edith Stein überwindet

damit auch die Schranken von weltlicher und geistlicher Sphäre. Das Gebet steht für die Annäherung an Gott, der selbst durch den Tod und die Auferstehung Jesu Christi alle weltlichen Schranken hinter sich gelassen hat.
Basis jeglicher Annäherung an Gott ist das Gebet. „Beim Gebet öffnet sich der Himmel einen Spalt breit. Gebet ist ein Epiphanie-Ereignis, eine Berührung mit der himmlischen Welt. Daher ist Gebet kein bloßes Sprechen, sondern durch das Beten wird dem Menschen Kraft zuteil Die Gethsemane-Erzählung zeigt das genau: Zu Beginn fällt Jesus vor Schwäche auf die Knie, am Ende hat er – nach seinem Beten – die Kraft gewonnen, aufzustehen und seine Jünger zu ermuntern. Bei Lukas ist gar ein Engel, der Jesus kräftigt. Diese Auffassung vom kräftigenden Charakter des Betens ist jüdischen Ursprungs. [...] Gebet ist Kontakt mit Gottes Bereich, das heißt: Das Gebet ist Teil eines umfassenderen Gesamtvorgangs, innerhalb dessen der Beter in den Wirkungsraum Gottes und seiner Engel eintritt."
Wie dicht Edith Stein sowohl an der Spiritualität der Dominikaner als auch der Karmeliten ist, erweist sich darin, dass sie im besten karmelitanischen Geist vor Gott steht: betend, sich Gott öffnend, sich ganz dem Ewigen aussetzend. Andererseits gibt es auch Anknüpfungspunkte mit dem Dominikanischen: Das Leben soll selbst zur Predigt werden. Denn das Wesen der dominika-

nischen Spiritualität zeigt sich bei der Aufschlüsselung der Bedeutungsebene des Begriffs der Predigt.
Diese ist nämlich zum einen zu verstehen als die Verkündigung des göttlichen Wortes an die Menschen – besonders derer, die am Rande der Gesellschaft stehen – aber auch die Auslegung des Wortes Gottes in die jeweilige Zeit hinein.
Zum anderen geht es in der dominikanischen heiligen Predigt darum, sein Leben so in den Dienst des Wortes zu stellen, dass durch die Lebensführung, also das praktische gelebte Leben, für andere ersichtlich werden soll, wie die Predigt auf andere ausstrahlt. Das ist eine Frage der Wahrheit – einem Grundwort des Dominikanischen – die in die Welt hinein wirken will. Der Geist der Wahrheit wohnt in der Selbstmitteilung Gottes als der dreifaltige Ewige. Gott ist Liebe und Wahrheit. Das hat Edith Stein begriffen. Wahrheit braucht Sprache und Predigt, braucht Sprache und die Verkündigung des Wortes Gottes, braucht Sprache und Wahrheit. Eine Wahrheit, die über die Vorstellung der Welt hinausweist.
Der dominikanische Fundamentaltheologe Claude Geffré schreibt: „Bekanntlich ist für Heidegger die Sprache, noch bevor sie Instrument der Kommunikation zwischen Menschen wird, eine Art Sagen der Welt. So wird man sagen können, dass die theologische Praxis ein Horchen, ein Hinhören auf das ist, was uns nicht nur Sprache, in der und aus der Welt spricht, sondern in jenem großen

Kodex, den der Bibeltext darstellt, gesagt ist. Weil die Sprache an sich schon die Funktion hat, etwas vom Sein der Welt aufzuzeigen, kann sie auch vom Theologen dazu hergenommen werden, um das Sein Gottes sichtbar werden zu lassen. Der Wahrheitsbegriff wird weniger der Ordnung des Urteils, d. h. der formalen Entsprechung zwischen der Erkenntnis und der Wirklichkeit, angehören als vielmehr der Ordnung der Bezeugung oder auch der anfanghaften Interpretation der Fülle der Wahrheit, die gleichbedeutend ist mit dem Geheimnis der göttlichen Wirklichkeit."

Edith Steins Ansatz für die Predigt in der Welt und für die Welt und in die Welt hinein ist eng angelehnt an das dominikanische Predigtverständnis. „Dominikanische Verkündigung war immer theologische Rede. Der Bezug auf die Gottesfrage und die Gottesrede fand sich im Zentrum dominikanischer Verkündigung. Gottesrede war um des Menschen willen wichtig. Das Bild vom Menschen verschiebt sich entsprechend den kulturellen, politischen und gesellschaftlichen Veränderungen. Die Aussagen über den Menschen werden sich nur dann als für den Menschen lebens bezogen erweisen, insoweit über die Veränderungen hinweg Continua der Aussagen festgehalten werden können. Biblische Botschaft ist die Verkündigung von einem bleibend dem Menschen zugewandten Gott. Damit ist auch Gott kontinuierlich mit den Fragen und Leiden des Menschen verbunden."

Wer betet, zeigt sich. Wer betet, reflektiert sein Leben. Wer betet, öffnet eine Tür in eine andere Seinsdimension. Wer betet, antwortet auf Gottes Ruf mit seinem Leben. Beten und Leben fließen ineinander, lassen Gott teil haben an der Entwicklung eines Prozesses, der dem Leben Tiefe verleiht.

Meister Eckart: Raum- und Zeitdimensionen

Wir sollen Gott also in unser Leben lassen. Wir sind demnach die Entscheidungsträger. Oder anders ausgedrückt: Gott drängt sich nicht in unser Leben. Er wartet geduldig an der Tür, bis wir sie ihm öffnen und ihn hineinbitten. Doch wo bitten wir Gott hinein? Doch in unsere Zeit und Welt, die sich als die uns zeigende Wirklichkeit erweisen. Zeit und Raum sind nicht nur Anschauungen in der Philosophie oder der Astrophysik, wenn es darum geht, über die uns bekannten Dimensionen auch andere zumindest theoretisch anzunehmen. Wenn wir Gott in unserer Welt-Raum-Zeit, die aber mit dem Weltraum in astronomischer Hinsicht nichts zu tun hat, begegnen wollen, verlassen wir das, was wir im allgemeinen als unsere erfahrbare Wirklichkeit bezeichnen. Wir sind dann „auf die Seite gerückt“, also „verrückt“, wo eine andere Wirklichkeit auf uns wartet. Gott tritt dort ein, weil er selbst wieder einer vollkommen anderen

Wirklichkeit angehört, zu der Menschen keinen Zutritt haben. Man mag das als das Allerheiligste Gottes bezeichnen – ein Nicht-Ort in einer Nicht-Zeit, die wir nicht erfassen und begreifen können. In dieser Wirklichkeit sehen wir Gott natürlich nicht, wir hören ihn auch nicht, aber wir spüren seine Anwesenheit bei uns, in uns. In unserer Seele. Es ist das, was in der deutschen Mystik als Gottesgeburt im Menschen bezeichnet wird. Der Dominikaner Johannes Tauler (um 1300–1361), der mit Meister Eckhart (um 1260–1328) und Heinrich Seuse (1295/97–1366) zur deutschen Mystik gerechnet wird, spricht in seiner bekannten Weihnachtspredigt wie folgt davon: „... dass Gott alle Tage und zu jeglicher Stunde in wahrer und geistiger Weise durch Gnade und aus Liebe in einer guten Seele geboren wird." Der Mensch jedoch kann für die Gottesgeburt in der Seele einen Raum des Schweigens vorbereiten. „Und darum sollst du schweigen! So kann das Wort dieser Geburt in dich gesprochen und es in dir vernommen werden. Aber gewisslich, willst du sprechen, so muss Gott schweigen. Man vermag dem Worte nicht besser als mit Schweigen und Hören zu dienen. Räume du ihm deine Seele gänzlich ein, so erfüllt es dich ohne Zweifel ganz und gar: ebenso viel wie du ihm einräumst, so viel strömt seines Wesens in dich ein, nicht mehr und nicht weniger." Schweigen ist ein Nichtstun, ein Nichtsdenken und ein Nichtswollen, wenn man es in seiner mystischen Dimension weiter ausfaltet. Tauler

führt diesen inneren Prozess aber noch weiter, denn in einer anderen Predigt schreibt er von zwei verschiedenen Arten von Menschen; gemeint sind Menschen in einer geistlichen Übung: „Der Unterschied … ist, dass die ersten, die ihren Grund aus sich selbst bereiten wollen und sich nicht Gott überlassen, damit er ihn bereite, mit ihren Kräften so in ihren Gebrechen gefangen bleiben, dass sie sich nicht davon befreien können. Oder sie bleiben sogar darin mit Befriedigung und behalten das Ihre mit Wohlgefallen, nämlich ihren eigenen Willen. Die anderen edlen Menschen aber, die sich Gottes Willen überlassen, diese edlen, seligen, gelassenen Leute, sind erhaben über sich selber, und sobald sie zu Gebrechen versucht werden und sie dessen gewahr werden, fliehen sie damit sogleich zu Gott, und es ist kein Gebrechen mehr da, denn sie sind in göttlicher Freiheit. Sollen diese Leute nicht wünschen, dass Gott ihren Grund bereite?“
Das sind wunderschöne Sätze, die darauf hinweisen, dass zu einem geistlichen Leben, zu einem wahrhaft inneren Leben, die Unbedingtheit gehört, sich von sich selbst zu lassen. Der Begriff der Gelassenheit spielt auch bei Meister Eckhart eine wichtige Rolle. Er darf durchaus als Grundwort des Mystischen bezeichnet werden. Tauler schreibt explizit, dass es letztendlich um Gottes Willen geht, der Eingang finden kann in den Menschen, in seine Seele bzw. seinen Grund, wie es Tauler benennt. Die Folge ist das Erlebnis der göttlichen Freiheit, das heißt ein Gewahrwerden,

etwas außer sich selbst als Höchstes zu spüren. Die Begegnung mit Gott erfahren wir in dem Wirk-Raum, zu dem andere Menschen keinen Zugang haben. Er ist der intimste Bereich unseres Selbst, unsere absolute Mitte, die dennoch nicht lokalisierbar ist. Zugegeben, das ist nur schwer zu verstehen, da wir doch gewohnt sind, dass alles in unserem Leben auch einen bestimmten Platz hat. Dass es aber „etwas" gibt, dass auch durch unsere Hochleistungsmedizin nicht verifizierbar gemacht werden kann, gehört zu den Geheimnissen, die ein gläubiger Mensch, wenn er es denn wirklich ist, auch annehmen sollte. Geheimnisse sind Teil unseres Lebens, auch des erwachsenen Lebens, weil nicht alles mit Verstandeskategorien abgeglichen werden kann. Und Gott ist das größte Geheimnis, das es überhaupt gibt. Er will sich auf den Menschen zu bewegen und der Mensch soll Gott lassen, ihn anhaften lassen an seinem Leben.

Meister Eckhart schreibt dazu in seinen Reden der Unterweisung: „Wer Gott anhaftet, dem haftet Gott an und alle Tugend. Und was zuvor du suchtest, das sucht nun dich; wem zuvor du nachjagtest, das jagt nun dir nach; und was zuvor du fliehen mochtest, das flieht nun dich. Darum: wer Gott eng anhaftet, dem haftet alles an, was göttlich ist, und den flieht alles, was Gott ungleich und fremd ist." Damit all das „gelingen" kann, ist „gleichmäßiges Vertrauen" und „gleichmäßige Liebe" in und zu Gott vonnöten. Gott muss im Innern eine

Präsenz gewinnen, wenn er als der Gegenwärtige erfahren werden soll. Weiter schreibt Eckhart: „Wem aber Gott nicht so wahrhaft innewohnt, sondern wer Gott beständig von draußen her nehmen muss in diesem und jenem, und wer Gott in ungleicher Weise sucht, sei's in Werken oder unter Leuten oder an Stätten, der hat Gott nicht. [...] Dieses wahrhafte Haben Gottes liegt am Gemüt und an einem innigen, geistigen Sich-Hinwenden und Streben zu Gott."

Demzufolge muss der Mensch ein innerlicher Mensch werden. Denn erst aus dem Innern seiner Selbst fließt die Lebenskraft. In seinem Traktat Vom edlen Menschen stellt Eckhart fest, dass der Mensch zwei Naturen hat: „Leib und Geist. Darum sagt eine Schrift: Wer sich selbst erkennt, der erkennt alle Kreaturen, denn alle Kreaturen sind entweder Leib oder Geist. Darum sagt die Schrift vom Menschen, es gebe in uns einen äußeren und einen anderen, den inneren Menschen. Zum äußeren Menschen gehört alles, was der Seele anhaftet, jedoch umfangen ist von und vermischt mit dem Fleische, und mit und in einem jeglichen Gliede ein körperliches Zusammenwirken hat, wie etwas mit dem Auge, dem Ohr, der Zunge, der Hand und dergleichen. Und dies alles nennt die Schrift den alten Menschen, den irdischen Menschen, den äußeren Menschen, den feindlichen Menschen, einen knechtischen Menschen. Der andere Mensch, der in uns steckt, das ist der innere Mensch; den heißt die Schrift einen neuen

Menschen, einen himmlischen Menschen, einen jungen Menschen, einen Freund und einen edlen Menschen. Und der ist gemeint, wenn unser Herr sagt, dass ein edler Mensch auszog in ein fernes Land und sich ein Reich gewann und wiederkam."

Spiritualität braucht Freiheit

Zum Freisein in Gott berufen

Hier ist nicht der Ort, auf den Begriff der Freiheit mit seinen ganz unterschiedlichen Bedeutungsebenen – auch in den verschiedenen wissenschaftlichen Disziplinen – einzugehen. Der Freiheitsbegriff, der hier verwendet wird, bezieht sich auf die Freiheit des Gläubigen in Jesus Christus, ihn als den einzigen Urgrund anzuerkennen, der schon immer war, immer ist und immer sein wird. Der von Gott ausging als Wort, das die Erlösung der Menschen ermöglicht, um als Gedanke des Einen Gottes wieder in Gottes Ewigkeit einst einzugehen. Ein Christ erlebt Freiheit nur in Gemeinschaft mit dem auferstandenen Christus, der direkter Mittler zum ewigen Vater ist.

Anders ausgedrückt: Wer glaubt, lebt schon in Freiheit und wird diese Freiheit, die ihm erst den Sinn des Lebens ermöglicht, nicht freiwillig aufgeben. Weil er damit auch den Sinn ins Negative wandeln würde. Gott ist Freiheit und der Gläubige darf in Gottes Freiheit leben, weil sie zu ihm gehört. Diese Behauptung bzw. theologische Wahrheit ist zwar evident, jedoch bedarf sie weiterer Überlegungen. Denn zunächst muss festgestellt werden, dass sich geistliches Leben – und darum geht es hier ja – nicht erzwingen lässt. Es muss

eingeübt werden, wenn auch in einem völlig anderen Sinne als das Einüben von Vokabeln im Fremdsprachenunterricht.
Wer in christlicher Freiheit lebt, lebt auch mit Zeit, die er – ungeachtet der täglichen Anforderungen des Alltags – so gestalten kann, das für das geistliche Leben tatsächlich Zeit ist. Es ist schwer, einen Rat zu geben, wie man was, wann und wie oft tun soll, wobei das „Tun" im geistlichen Prozess eine eigene Dynamik entfaltet. Eine denkbare Möglichkeit wäre: Sich zwei Mal am Tag die Zeit so einzuplanen, dass das kirchliche Stundengebet der Laudes, das Morgenlob, und die Vesper, das Abendlob, gebetet wird. Dafür ist es sinnvoll, sich immer die gleiche Uhrzeit mit mehr oder weniger kleinen Abweichungen festzulegen. Sich dann zurückziehen in einen Raum, in dem man nicht gestört wird für etwa zehn Minuten. Mit der Familie lässt sich das durchaus absprechen. Zur Ruhe kommen, vielleicht die Augen schließen, den Atem spüren und dann das entsprechende Gebet sprechen. Man sollte versuchen, dies regelmäßig zu tun, und zwar ohne die Ausrede: ich habe jetzt aber keine Zeit oder keine Lust. Regelmäßigkeit ist wichtig. Es muss in Fleisch und Flut übergehen wie das tägliche Zähneputzen oder der Kaffee zum Frühstück. Die Redundanz vertieft den geistlichen Prozess. Vor dem Schlafengehen noch einmal innehalten und den Tag vor dem inneren Auge ablaufen lassen – ohne Bewertung. Nur schauen, was war.

Hilfreich ist, sich in freien Minuten an Gott zu wenden, zum Beispiel während der Wartezeit beim Arzt oder im Stau auf der Autobahn. Auf keinen Fall jedoch sollte man inneren Druck aufbauen. Es muss einem gut tun, geistlich zu leben; dann kann auch ein Gesätz des Rosenkranzes eine gute Möglichkeit sein, mit Gott in Kontakt zu kommen. Hilfreich kann auch die regelmäßige Lektüre von spirituellen Büchern sein. Das Angebot hierzu ist riesig, bei der Auswahl kann eine gute Buchhandlung oder das Internet gute Dienste leisten.
Doch letztlich geht es nicht um das Tun, sondern um die Haltung, die ich im Leben habe. Nehme ich ein Kreuz auf einem Spaziergang wahr? Woran denke ich dann? Kapellen unterwegs laden zur kurzen Einkehr ein. Ein kleines Stoßgebet oder einfach Schweigen. Und hier sind wir bei einem ganz wichtigen Baustein geistlichen Lebens angelangt: Schweigen. Nichts-mehr-sagen-müssen, Stillehalten, Leerwerden. Man kann es versuchen mit zunächst wenigen Minuten und dann steigern. Einfach dasitzen oder gehen oder stehen. Da sein, einfach da sein, ohne etwas zu wollen, zu beabsichtigen, zu planen. Nur dasitzen. Still. Den Puls spüren, das Blut, das durch die Adern rauscht, vielleicht im Kopf dröhnt. Man spürt das Chaos, die tausend Gedanken, die sich wieder in den Vordergrund drängen wollen. Einfach vorbeiziehen lassen, sich nicht aus der Ruhe bringen lassen. Aushalten. Auch den inneren Lärm, auch die Unruhe, die manchmal über einen

herfällt. Einfach aushalten. Dasitzen. Da sein. Sein. Gleichgültig werden. Alles lassen. Lassen. – Und es bei nächster Gelegenheit immer wieder versuchen. Es muss nicht alles sofort klappen. Es braucht Zeit. Sekunden, Minuten, Augenblicke, manchmal auch gefühlte Ewigkeiten. Einfach alles sein lassen. Wenigstens für wenige Augenblicke. Denn danach ist sowieso wieder Alltag.

Freiheit bedeutet aber auch, Wurzeln zu haben und sich dieser Wurzeln bewusst zu sein. Nur wessen Leben Halt hat, kann die Freiheit voll ausschöpfen. Sahra Wagenknecht hat in ihrem ökonomisch-politischen Buch „Reich ohne Gier" den Satz geschrieben, der auch über das Politische hinaus Bedeutung hat: „Nicht Bindungslosigkeit, sondern Bindung macht frei, weil nur sie Halt gewährt." Das gilt umso mehr für eine Spiritualität, die Freiheit braucht, um sich überhaupt ausloten zu lassen. Denn Freiheit bedeutet nicht Willkür oder Anarchie – machen können, was man will. Freiheit birgt in sich auch den Begriff der Verantwortlichkeit. Nur ein verantwortlicher, in Freiheit lebender Mensch, kann Visionen einer besseren Welt und eines besseren Lebens auf die Füße stellen. Freiheit im Glauben und Freiheit vor Gott bedeutet, nicht an der langen Leine Gottes zu gehen und zu handeln, sondern getragen sein von der göttlichen Liebe und das Leben nutzen, um sich selbst und Anderen gegenüber eine authentische Botschaft zu verkünden, die letzten Endes nur das Heil aller will. Heil im Sinne einer

Ganzheitlichkeit, die den Menschen als Leib-Geist-Seele-Lebewesen begreift. Eine solche Ganzheitlichkeit zu erlangen heißt, sich in einem ständigen Prozess zu befinden, um ein Mensch zu werden.

Wir sind keine statischen Gebilde

Ganzheitlichkeit und Prozesshaftigkeit sind weitere Elemente des spirituellen Lebens. Wir Menschen sind keine statischen Gebilde, sowenig wie es auch Gott ist. Denn er ist in sich Bewegung. Er gebiert in sich die Liebe – ein immerwährender Prozess. Da wir Abbilder Gottes sind, wie es bereits im Buch Genesis grundgelegt ist, gilt auch für die Menschen: sie unterliegen einem unaufhaltsamen Prozess des Werdens. Immer ist unser Selbst in Bewegung, nie bleiben wir die gleichen, auch wenn es rein äußerlich so aussehen mag. Wir durchlaufen verschiedene Prozessstadien, die uns verändern. Der ich gestern war, bin ich nicht mehr und ich werde nie mehr sein, der ich heute und gestern gewesen bin. Ich bin immer wieder neu, immer wieder anders und das einzig Sichere ist, ich werde nicht bleiben, sondern vergehen. Denn als Mensch habe ich Grenzen. An diesen Grenzen endet auch meine Freiheit. Es gibt für den Menschen nur eine Freiheit in Grenzen. Alles, was darüber hinaus gedacht werden kann, gilt nur für Gott und noch darüber hinaus, denn wir können nur das sagen, was wir auch denken können.

Jedoch an den Grenzen der menschlichen Freiheit endet alles.

Einen interessanten Aspekt in diesem Zusammenhang beschreibt der britische Philosoph und Mathematiker Alfred North Whitehead in seinem Buch „Prozess und Realität. Entwurf einer Kosmologie“. Darin heißt es: „Gott ist die vorausgesetzte Wirklichkeit der begrifflichen Operationen und befindet sich im Einklang des Werdens mit jedem anderen kreativen Akt. Aufgrund der Relativität aller Dinge erfolgt daher eine Reaktion der Welt auf Gott. Die Vervollständigung der Natur Gottes zu einer Fülle des physischen Empfindens leitet sich von deren Objektivierung der Welt in Gott her. Er hat teil an der wirklichen Welt jeder neuen Schöpfung. [...] Gottes begriffliche Natur ist aufgrund ihrer endgültigen Vollständigkeit unveränderlich. Aber seine abgeleitete Natur folgt konsequent aus dem kreativen Fortschreiten der Welt.“

Gott ist natürlich mehr als „die vorausgesetzte Wirklichkeit der begrifflichen Operationen“, denn Gott war schon, als es noch keine begrifflichen Operationen gab. Gott ist der Einzige, der wirklich ist. Alles andere sind Ableitungen. Das Vollkommene ist Gott, denn in ihm ist Vollkommenheit, der Mensch hingegen ist lediglich eine Kreatur mit Grenzen und Defiziten. Er kann nicht über sich verfügen wie Gott verfügt. Er besitzt nicht einmal den Überblick und versucht daher sich Kategorien und Begrifflichkeiten zu wählen, die Gott handhabbar machen sollen. Doch das gelingt nicht. Gott wäre nicht Gott, wenn er handhabbar wäre. Gott ist und bleibt eine Wirklichkeit über unserer Realität, auch wenn er an ihr teilhat, nicht aber der Mensch an der Wirklichkeit Gottes. Gott ist über allem. Die Unveränderlichkeit Gottes, von der Whitehead spricht, bezieht sich auf seinen autonomen Selbststand; Gott ist die Liebe, das ist ein innerer Vorgang und Liebe ist Begegnung, Bewegung, Prozess. Gott ist die Liebe.

Der Mensch an der Grenze der Freiheit

Es wurde bereits festgestellt, dass der Mensch akzeptieren muss, dass – egal wie weit er seine Freiheit auch fassen mag – er an Grenzen stößt, über die hinaus nichts mehr möglich ist. Er kann zum Beispiel Gott nicht wirklich denken. Es gibt kein Bezugssystem zu Gott. Es gibt keine Vergleiche – außer der Analogie. Doch auch sie sagt mehr über das Nichtdenkbare aus als über das Denkbare, die Unähnlichkeit ist bei jedem Vergleich immer größer als die Ähnlichkeit.

Wenn Gott einer Wirklichkeit angehört, zu der Menschen per Erfahrung keinen Zugang haben, ergibt sich die Frage, wie man Gott verstehen lernen kann. Jenseits von Sprache gibt es keine Möglichkeit, sich dem Numinosen oder dem ganz Anderen, Heiligen zu nähern; selbst Bildern ist ihr Sinn-Kern immer nur durch Übersetzung in Sprache zu entlocken.

„Unsere Sprache, und zwar die alltägliche ebenso wie die wissenschaftliche und die traditionelle philosophische ist von der Erfahrung her gebildet. Wie kann sie dann angemessen ausdrücken, was einer nicht unmittelbaren Seinsebene angehört?“ fragt der Philosoph Wilhelm Weischedel. Und er will es nicht dabei bewenden lassen, „auf alles weitere Reden über Gott verzichten“ zu wollen. Schweigen wäre dann angemessen und „eine respektable Haltung“. Allerdings besteht die Gefahr, dass diese auf ein „bloßes gleichgültiges Aufsichberuhen“ hinauslaufen könnte, wo es doch lediglich um eine „anerkennendes, also ehrfürchtiges Verstummen“ gehe.
Schweigen gehört eigentlich nicht zu den Intentionen menschlichen Denkens. Vielmehr ist der Mensch darauf aus, alles zu durchdenken, was aber wiederum ohne Sprache nicht möglich ist.
Offensichtlich führt kein Weg daran vorbei, bei der Frage nach dem Wesen des „Vonwoher“ Gottes auf Worte unserer gewohnten Sprache zurückzugreifen. Mit der Einschränkung allerdings: Man muss sich dessen bewusst sein, lediglich ein bedingt taugliches Werkzeug der Erkenntnisgewinnung zu nutzen. Um die Wirklichkeit Gottes auch nur in Ansätzen verbalisieren zu können oder gar das treffende Wort zu finden, ist ein besonderes Vokabular erforderlich. Wenn die informierende Sprache keine Wahrheit beschreibt, das heißt nur noch abbildenden und damit festgelegten Charakter hat; wenn die Wörtersprache

nur noch blasse Begrifflichkeit abdeckt, macht der Kommunikationsprozess zwischen Mensch und Gott andere Instrumentarien erforderlich. Religiöse Sprache, die sich nur noch im Gestus des Bescheidwissens erschöpft, ist kommunikationstötend, denn Gott kommuniziert nicht nur informierend: Er kommuniziert sich selbst. Und er kommuniziert nicht nur in der Wörter-Sprache. Er kommuniziert sich im wahrhaft menschlichen Leben Jesu. Denn ausgesprochen hat er sich selbst in der „Ich-Botschaft Jesu".
Um die theoretischen Ausführungen abzukürzen: In Jesus spricht Gott sich aus, denn er ist das Wort Gottes, und das bedeutet, wir erfahren in Jesus Christus unsere Freiheit. Unsere Unmöglichkeit, das Sagbare über Gott zu überschreiten, können wir in Jesus erfahren, da wir in seiner Freiheit unsere eigene Freiheit finden können. Die Überwindung des Unsagbaren hat zwar Grenzen, dennoch erfahren wir gerade darin unsere Freiheit. Mehr geht nicht, es sei denn, wir wären Gott.
Wir müssen uns also auf den Weg machen, weil wir in dieser Welt Suchende bleiben. Bleibt aber noch die Frage zu klären: wo finden wir Gott, den wir suchen sollen? Wir finden ihn auch in uns und unterwegs in anderen Menschen. Wer sich auf dieses Wagnis einlassen kann, der wird schnell merken, dass das Unterwegssein im Glauben schon ein Teil der Lösung ist. Es gibt zwar keine Gewissheiten, dennoch sind wir auf dem richtigen Weg. Gott bleibt für uns nicht fassbar und entzieht

sich immer wieder. Aber seinen Spuren zu folgen im Unterwegssein bedeutet auch immer eine Annäherung an den Unsagbaren und dem Menschen sich Entziehenden. Wie sonst sind Pilgerfahrten, -wege, -stätten, -lieder und -gebete zu verstehen? Es sind tastende Versuche.

Gott bleibt ein Geheimnis, das wir nicht lüften können. Die Alternative bieten Nichtglaubende an, die ganz gut ohne Gott auskommen. Es ist diesen Menschen nicht abzusprechen, dass auch sie ein zufriedenes Leben finden können. Doch gerade sie dürfen überhaupt nicht weiterdenken, weil ihnen nicht einmal die Hoffnung und die Aussicht bleiben, dass unser ganzes Leben einen Sinn erst in Gott findet. Es mag durchaus sein, dass diese Menschen in ihrer Art der Fürsorge und Sorge für andere und sich selbst zu einem Humanum finden, dass für die Betreffenden Sinn macht. Natürlich stoßen wir auch hier wiederum an Grenzen. Wir können nicht beweisen, dass es Gott gibt und wir Glaubenden deshalb so ticken wie wir ticken. Die Nichtglaubenden können aber auch nicht das Gegenteil beweisen. Es ist und bleibt die ganz große Grundentscheidung im Leben eines jeden Menschen: Ich glaube oder ich glaube nicht. Das sind die beiden Möglichkeiten. Dazwischen gibt es nichts.

Spiritualität braucht Präsenz

Wenn sich der Augenblick verselbstständigt

Was ist schon ein Augenblick? Gemessen an der Zeit, gemessen an der Zeitspanne, als Zeit noch gar nicht gemessen wurde, als Zeit einfach da war. Oder gab es da noch keine Zeit? Ist Zeit etwas Objektives, etwas Subjektives? Spätestens seit Albert Einstein wissen wir, dass Zeit und Raum miteinander zusammenhängen. Was aber ist ein Augenblick? Ein Augenblick, so heißt es, ist wie ein Wimpernschlag. Ein Augenblick hat eine Ausdehnung, ist mehr als nur ein winziger Punkt.

Die Physik hilft hier nicht weiter, weil unser Sein, das heißt das, was einfach ist, und unser Dasein, das heißt unsere Existenz in einer ungesicherten kontingenten Welt, naturwissenschaftlich betrachtet, den Gesetzen der Physik nicht unterworfen ist. Es gibt eine von den Naturwissenschaften unabhängige Ebene der Wirklichkeit, die mit anderen Begriffen umschrieben werden muss. Für Gläubige ist sicher: Es gibt verschiedene Wirklichkeiten, eine davon ist die Ebene der Transzendenz oder die Ebene des Unverfügbaren, für die wir den Begriff Gott haben. Naturwissenschaftliche bzw. physikalische Gesetze und Sinnfragen befinden sich auf verschiedenen Ebenen. Gott umfasst beide Wirklichkeiten

und bildet eine Sphäre, die alle Gesetze und Sinnfragen übersteigt.
Der Augenblick, den jeder Mensch nur selbst empfinden kann und für den es lediglich eine gefühlte Zeit gibt – ein solcher Augenblick, in den andere keinen Einblick haben können, ist in der Wirklichkeit menschlichen Daseins angesiedelt. Wie lange ein Augenblick dauern kann, ist nicht berechenbar, weil es dafür keine Messgeräte gibt und der Augenblick ein Phänomen der persönlichen Wahrnehmung ist. Er gehört zum Selbst eines jeden Menschen. Das Selbst eines Menschen konstituiert sich aus Körper, Bewusstsein, Seele und Geist. Und doch steht der Augenblick in einem direkten Verhältnis zur Zeit, und zwar zur Gegenwart.
Die heute leider zu Unrecht aus dem Blick geratene Philosophin Hedwig Conrad-Martius schreibt in ihrem Buch „Die Zeit" aus dem Jahre 1954 unter Berücksichtigung der Relativitätstheorie und Quantenmechanik: „Der Begriff ‚Gegenwart' ist doppelsinnig. Die Zukunft kann ‚Gegenwart' werden, weil es offenbar eine an und für sich bestehende Gegenwartsstelle gibt. Und sie kann Vergangenheit werden, weil sie sich von dieser Gegenwartsstelle wieder entfernt. Sie ist beim Vorbeigleiten an der festen Gegenwartsstelle von dieser gleichsam ‚infiziert' worden. Von Gegenwart muss also in einem zweifachen Sinn gesprochen werden: erstens im Sinne einer fixen Gegenwärtigkeit, die unabhängig vom Zeitfluss besteht; zweitens im Sinne einer ‚Gegenwärtigkeit' innerhalb des Zeitflusses, die vor-

her Zukunft war und dann Vergangenheit wird. (...) Die aus der Zukunft herkommende Stelle im Zeitfluss wird nur deshalb ‚Gegenwart', weil sie die an und für sich bestehende Gegenwartsstelle passiert. Hier und nur hier wird innerhalb des Zeitflusses Zukunft ‚Gegenwart'."

Die fixe Gegenwartsstelle ist für Hedwig Conrad-Martius der Dreh- und Angelpunkt, an dem sich die Gegenwart im Verhältnis zu Vergangenheit und Zukunft zeigt. Und da befindet sich letztendlich auch der Augenblick. Man kann also mit ihr argumentieren: „Beim erlebten Verfließen der Zeit ist die Richtung die Zeitbewegung: Zukunft – Vergangenheit. Beim erlebten Vorrücken der Zeit geht sie jedoch in die Zukunft hinein." Doch es gilt festzuhalten: Während der Zeitfluss an der Gegenwartsstelle seinen unerlässlichen Orientierungspunkt hat, gilt bei der vorwärts rückenden Gegenwartsstelle, dass wir „da selber irgendwie eingeschaltet" sind. Wir selbst kommen jetzt ins Spiel, „unser Zeiterlebendes Ich". Mein Zeitempfinden ist ganz verschieden vom Zeitbewusstsein anderer. Wie die Zeit für mich vergeht, kann nur ich selbst empfinden. Fünf Minuten auf dem Stuhl des Zahnarztes können länger sein als fünf Minuten in Gegenwart eines geliebten Menschen.

Es gibt Menschen, die können sich augenblicklich verlieben. Worin aber steckt der Augenblick? Der Augenblick ist mehr als ein ganz plötzliches Ereignis, das hereinbricht. Der Augenblick beherbergt eine Zeitqualität, die anderen „Gesetzen“ folgt als einer reinen Zeiterfassung wie beispielsweise mit einer Stoppuhr. Hedwig Conrad-Martius schreibt: „Durch das erlebende Subjekt erst wird ein Zeitpunkt ‚im selben Augenblick‘ zur ‚Gegenwart‘, in dem er an ihm vorbeifließt. Der Zeitfluss an sich wäre demnach noch keine eigentliche zeitliche Zeit, weil er noch der möglichen Einteilung in Zukunft, Gegenwart und Vergangenheit ermangelte. Er wäre sozusagen vorerst nur ein ‚räumlicher‘ Zeitfluss. Erst der Bezug auf das Ich machte jene Einteilung möglich. Dadurch würde der ‚räumliche‘ Zeitfluss in einen ‚zeitlichen‘ verwandelt.“

Was ist der Augenblick, wenn er mehr ist als nur ein Jetzt oder ein Plötzlich? Der Augenblick ist nie die Summe verschiedener Ereignisse. Der Augenblick ist auch kein punktuelles Geschehen. Der Augenblick ist nicht geradlinig, ist nicht räumlich. Zeitlich ist er nur, weil er „geschieht“. Der Augenblick ist vielmehr eine Bewegung wie eine Schwingung, wie das Wehen eines Vorhangs vor einem geöffneten Fenster. Das Gewahrwerden des Augenblicks ist Teil des Lebens, wenn es wirklich Leben ist. Denn Leben bewegt sich, ist nicht starr, weil es sonst stirbt. Leben ist Bewegung, ist Ereignis. Der Augenblick ist Ausfluss von Bewegung. Nicht Teil der Bewegung und auch mehr als nur Ergebnis einer Bewegung. Der Augenblick ist verdichtete Gegenwart, ist Einbruchschneise für das Unerwartete, ist Fenster für Gott, den nicht Verfügbaren, der Herr auch über die Zeit ist. Vielleicht ist gerade die Unverfügbarkeit des Unverfügbaren letztendlich Ursache für die „Existenz" des Augenblicks. Da der Augenblick scheinbar ohne Quantität ist, fällt das Phänomen des Augenblicks in den Bereich des menschlichen Daseins, gehört mithin zu dem individuellen Qualitätsmerkmal des Ich-Kerns, also zur Seele.

Der Augenblick ist ein seelischer Zustand, von dem der Mensch nur erfasst werden kann, den er aber nie selbst herbeiführen kann. Nicht möglich ist es, im Augenblick zu verharren. So sehr es den Anschein hat, als sei der Augenblick eine statische Erscheinung oder Wahrnehmung des Selbst, ist er eine Bewegung. Der Augenblick selbst kann allerdings nicht bewegt werden, er ist vielmehr eine Form der inneren Bewegung. So gesehen erfolgt die innere Bewegung in einer Art „Raum" des Ich-Kerns.

Am Beispiel des Traumes kann dies verdeutlicht werden. Ich wache auf, erinnere mich nur ungenau an den Traum. Oft sind es Bruchteile von Sekundenbildern. Das Erinnerte ist manchmal vertraut und fremd zugleich. Es sind Metaphern, in Bildern verkleidete Botschaften, die ich meist nicht entschlüsseln kann oder die mehrere Schlüsse zulassen. Je länger mein Wachzustand anhält, desto weniger erinnere ich mich; die Bilder verblassen zusehends und zurück bleibt lediglich ein Gefühl, das mal in die eine, mal in die andere Richtung ausschlägt. Angesichts des Traumes kann ich traurig oder glücklich werden; ich kann verunsichert werden, Angst bekommen, kann mich sogar bedroht fühlen. Jeder wird seine Weise finden, mit Träumen umzugehen, auf sie zu reagieren – so wie man auf besondere Augenblicke reagiert.

Der Augenblick wendet das Leben durch ein Ereignis, das hereinbricht. Dadurch eröffnet sich für die Gegenwart ein neuer Handlungsspielraum. Es sind Momentaufnahmen, die nicht zu wiederholen sind. Es ist die Einmaligkeit der aufscheinenden Zeit.

Eine neue Lebenssicht oder ein plötzlicher Handlungsaufbruch vollzieht sich durch den Sprung in eine neue Qualität des Daseins. Es ist dies der Zeitpunkt von diversen Möglichkeiten, das Leben zu deuten, es zu wenden oder es in seinem Status quo zu belassen. Diese Entscheidung fällt der jeweilige Mensch selbst.

In der Literatur werden mitunter solche Momente des Einsseins mit dem aufleuchtenden Augenblick beschrieben und gedanklich seziert. So auch in Thomas Manns Roman „Der Zauberberg“: Mit der literarischen Figur des Hans Castorp wird ein Mensch beschrieben, der sich in Krankheiten flüchtet und den Tod herbeisehnt. Er hat gerade sein Examen bestanden und besucht seinen lungenkranken Vetter in Davos. Schnell ist er fasziniert von der morbiden Lebensart des Sanatoriums, erkrankt schließlich selbst und bleibt sieben Jahre auf dem „Zauberberg“.

So vielschichtig Thomas Manns Werk literarisch ist, eines wird hervorragend herausgearbeitet und

beschrieben: Hans Castorp liebt das Leben nicht. Seine Gedanken, Gefühle, Gespräche und Selbstbeobachtungen kreisen vielmehr wieder und wieder um die Faszination des Todes. Der Tod ist für ihn das einzige große Lebensthema, das in immer neuen Facetten und Perspektiven erörtert und beleuchtet wird: Der Tod als Gesamtkunstwerk mit einer stärkeren Strahlkraft als das Leben.
Diese Todessehnsucht ist ein Phänomen der westlichen, reichen Welt, in der die lebensnotwendigen Grundbedürfnisse der Menschen in der Regel weitgehend befriedigt sind.
Wie viele leiden an Überdruss, können mit ihrem Leben und sich selbst nichts anfangen und ertrinken in einem Meer von Sinnlosigkeit! Wo das Diktat einer Konsum- und Spaßgesellschaft herrscht und Genuss großgeschrieben wird, da ist oft schnell die Angst vor dem Leben als Patin zur Stelle – meist unterschwellig und nicht gleich zu erkennen. Sobald jemand die Frage stellt: „Was trägt mein Leben?" und er sich diese Frage nicht beantworten kann, dann ist sie wieder da – diese gähnende Leere ...
Thomas Manns Protagonist Hans Castorp braucht viele Jahre, bis sich seine Todessehnsucht in eine lebenstaugliche Einsicht wandelt. In einem Augenblick höchster Todesbedrohung, als er bei einem Ausflug in einen schweren Schneesturm gerät, von der Welt abgeschnitten wird und plötzlich ganz auf sich selbst gestellt ist, da übermannt ihn die im Grunde einfache Erkenntnis, die in dem Satz gipfelt: „Der Mensch soll um der Güte und Liebe willen

dem Tode keine Herrschaft einräumen über seine Gedanken.“ Und um diese frohe Botschaft, diese Eingebung, zu verdeutlichen, fährt Castorp fort: „Ich will gut sein. Ich will dem Tod keine Herrschaft einräumen über meine Gedanken. Denn darin besteht die Güte und Menschenliebe und in nichts anderem.“

Offensichtlich sind die Zauberworte Liebe und Güte und nicht Zynismus, Gleichgültigkeit oder Hass. Liebe und Güte sind Dienerinnen des Lebens. Güte und Liebe sind Begriffe, die – auch wenn sie nicht immer explizit genannt werden – die Bibel wie ein roter Faden durchziehen. Gott sagt dem Menschen seine Liebe, seine Güte, sein Heil zu. Kann man sich mehr wünschen?

Denn: der Tod kommt sowieso. Es kommt also darauf an, sich ganz auf das Hier und Heute, also das Leben, wie es gerade ist, zu konzentrieren. Gottes Heilsgeschichte beginnt im konkreten Menschen: in Hans Castorp und in jedem anderen Menschen. Konkret heißt das im zu lebenden Leben: Es geht nicht um ein Falsch oder Richtig. Es geht darum, ganz gegenwärtig zu sein und die Chance des Augenblicks zu ergreifen, im Sinne des viel zitierten carpe diem.

Vielleicht sich vor Augen zu halten und zu verstehen, dass man das Leben nicht bis ins kleinste Detail hinein planen kann. Dass beruflicher Erfolg zwar gut tut, aber nicht alleine die Qualität gelingenden Lebens ausmacht. Es ist vielmehr der Zauber des Augenblicks, die Herzenswärme eines Menschen oder die Versöhnung mit Misserfolgen, die die Freude am Leben steigern können.

Der Augenblick braucht Achtsamkeit

Der Augenblick bedarf also der Achtsamkeit. Das ist ein inneres Horchen und zugleich ein Gewahrwerden der Welt mit ihren Dingen und Menschen und deren Handlungsweisen. Achtsamkeit ist konzentrierte Aufmerksamkeit, ein Stille-Halten und Zurücknehmen des Ichs zugunsten des Anderen und der Anderen. Es ist kein Zueigenmachen des Menschen, wie es Jean-Paul Sartre verstand, wenn man den Blick auf einen anderen Menschen richtet. Es ist ein Wahrnehmen ohne Wertung. So wie man den Lauf eines Baches in der Natur wahrnimmt, der einfach so ist wie er ist. Wer achtsam ist, sieht mit den Augen der Liebe und der Güte.

Ein Beispiel von Achtsamkeit erlebte ich vor einigen Jahren auf einer Hochzeit in Vietnam. Ich war zu Besuch in einem kleinen Dorf etwa 50 Kilometer westlich von Hanoi. Die Menschen dort waren Reisbauern, manche hatten dazu noch eine Fisch- oder Schweinezucht. Alles war sehr einfach und ärmlich, aber die Menschen von einer Gastfreundschaft und Herzlichkeit, wie man sie in unseren Breiten selten vorfindet.

Das Essen entsprach aber so gar nicht meinem Geschmack. Sicher sein konnte ich mir nur bei Reis und gekochtem Gemüse. Alles andere war eher abenteuerlich, handelte es sich nun um Fisch, gekochte Schweinefüße, Innereien jeglicher Art, gekochtes Huhn, dessen unappetitlich ausschauende Haut genüsslich verzehrt wurde oder um diverse Fischsoßen mit Knoblauch und Ingwer. Meine Tischnachbarin bemerkte mein Unwohlsein und legte mir lediglich Reis, Gemüse und Rindfleischstreifen in meine Schüssel. Die einzige Soße, die für mich genießbar war, war einfache Sojasoße. Das alles bemerkte sie und achtete peinlich darauf, dass genug von meinen „Lieblingsspeisen“ vor mir standen.

Das sind gewiss Kleinigkeiten, doch geben sie Einblick in das Herz eines Menschen, der so handelt. Achtsamkeit zeigt etwas vom Handelnden, nämlich Güte und Menschenfreundlichkeit und zwar ganz unabhängig von seiner Religion oder Weltanschauung. Achtsamkeit ist somit auch eine Art universeller Begriff. Achtsamkeit zeigt aber noch etwas anderes. Es lehrt den, der Achtsamkeit erfährt. In der oben erzählten Begebenheit bin ich das selbst. Jemand hat mir gezeigt, welche Lebenskraft er verströmt und mich damit beschenken kann. Ich kann von der Person lernen und mich bilden lassen. Sich bilden lassen von einem Lebenswissen, das man nicht in Büchern nachschlagen kann, sondern das man nur selbst erfahren kann. Ja, das einem widerfahren muss, um selbst daran reifen zu können.

Als weiteres Beispiel sei auf eine Anekdote verwiesen, die von dem deutschen Dichter Rainer Maria

Rilke erzählt. Der weilte bekanntlich einige Zeit in Paris und traf sich öfter mittags zum Essen mit einer Freundin. Nach dem Essen machten sie immer einen Spaziergang durch einen angrenzenden Park. An einer Ecke saß stets eine alte Bettlerin, die rechte Hand bittend ausgestreckt. Sie schaute niemanden an, sondern nickte nur demütig, wenn jemand ihr ein paar Geldstücke gab. Eines Tages, als Rilke wieder mit seiner Freundin durch den Park schlenderte, gab er der Alten statt des Geldes eine rote Rose. Die Frau küsste ihm daraufhin die Hand und war eine ganze Woche lang nicht mehr im Park. Irgendwann saß sie wieder an ihrem angestammten Platz und nickte bei jedem Geldstück, das ihr jemand in die Hand drückte. Wovon die Alte die ganzen Tage wohl gelebt hat, wollte Rilkes Freundin wissen. Worauf Rilke antwortete: Von der Rose.

Es ist eine anrührende Geschichte und niemand weiß, ob sie sich wirklich so zugetragen hat. Doch die Geschichte hat eine wichtige Botschaft. Sie erzählt von der Achtsamkeit Rilkes, die das Leben der alten Bettlerin zumindest für einige Tage hell machte. Die Rose steht für Zuneigung und Güte, die die alte Frau von einem fremden Menschen erfahren darf. Diese Anekdote ist ein Lehrstück der Menschlichkeit.

Der Augenblick bedarf auch der Barmherzigkeit. Hier sei an zwei Gleichnisse im Neuen Testament erinnert: an das des barmherzigen Samariters (Lk 10, 25–37) und an das des verlorenen Sohnes

(Lk 15,11–32). Ersteres berichtet von einem Mann, der auf dem Weg zwischen Jerusalem und Jericho überfallen, zusammengeschlagen wird, so dass er mehr tot als lebendig am Wegrand liegen bleibt, während die Täter in dem unwegsamen Gelände verschwinden. Da der Mann so schwer verletzt ist, dass er sich selbst nicht mehr helfen kann, ist er auf die Hilfe anderer angewiesen, wenn er nicht am Wegrand verbluten soll. Zwei Personen gehen nacheinander an ihm vorbei, sehen ihn sehr wohl, nehmen ihn aber nicht als Menschen oder als Hilfebedürftigen wahr. Ohne sich um ihn zu kümmern, setzen sie ihren Weg fort. Es handelt sich bei den Personen um einen Priester und einen Leviten, einen Geistlichen niederen Standes. Als dritte Person kommt ein Samariter vorbei. Nach dem geltenden jüdischen Gesetz war der Kontakt mit diesen Menschen verboten. Doch der Samariter überlegt nicht lange, er sieht nur den geschundenen und lebensgefährlich verletzten Menschen. Schnell versorgt er dessen Wunden, legt ihn auf sein Lasttier und bringt ihn in eine Herberge. Dort pflegt er ihn und gibt dem Wirt Geld, damit er den Verletzten versorge, während er seinen Weg fortsetzt. Auf der Rückreise will er wieder vorbeikommen und für weitere Kosten für die Pflege des Verwundeten aufkommen.

Was ist hier geschehen? Da hat jemand erste Hilfe geleistet. Das an sich ist nicht ungewöhnlich. Aber jetzt geschieht etwas ganz Ungewöhnliches. Der Helfer sorgt über den Augenblick der Not hinaus, und von diesem Gedanken wird sein Handeln bestimmt: Er sagt dem Wirt der Herberge, dass er wiederkommen wird. Damit gibt er Raum und Zeit frei für die Zukunft des Bedürftigen. Er belässt es nicht bei der Ersten Hilfe, er denkt nicht: Ich habe meins getan, jetzt sind die anderen dran. Er selbst schaltet im entscheidenden Augenblick der Not-Wendung sich in die Zukunft des Bedürftigen ein. Das ist ein in der Tat revolutionärer Akt. Sein eigenes Menschsein bindet er an die Möglichkeit des Anderen, wieder Mensch sein zu können, der geheilt und für dessen Zukunft gesorgt werden wird.

Noch vielschichtiger ist das Gleichnis vom verlorenen Sohn bzw. vom barmherzigen Vater. Es geschieht, was oft auch in unseren Tagen geschieht. Ein Sohn (oder eine Tochter) will nicht auf das in Aussicht gestellte Erbe bis in ferne Zukunft hin warten, sondern will jetzt und sofort das Geld, um unabhängig vom Vater oder der ganzen Familie das eigenes Glück zu versuchen. Der Vater zahlt dem Sohn seinen Erbteil aus. Der geht in die Fremde und bringt sein Geld mit Dirnen durch, verschleudert alles, was er hat, und seine Taschen sind irgendwann leer. Niemand ist da, der ihn in seiner Not ihn unterstützt. „Da ging er in sich“ heißt es im Evangelium, mit anderen Worten, es durchfährt ihn in einem Augenblick, in welche Lage er sich selbst gebracht hat. Selbst die Schweine haben mehr zu essen als er, und sein Vater lässt keinen seiner Arbeiter verhungern. Hier

geschieht die Wende. Aus seiner Not heraus kehrt er um.
„Ich will aufbrechen" sagt er zu sich selbst. Das Neue, seine Zukunft beginnt jetzt. Wahrscheinlich aber macht er sich auf eine Standpauke seines Vaters gefasst. Doch es passiert etwas völlig anderes.

Der Vater empfängt ihn mit offenen Armen und es wird weiter gesagt, dass der Vater Mitleid mit ihm hat. Diese Gefühlsregung des Vaters ist nicht unwichtig und wird leicht überlesen. Denn aus dem Mitleid des Vaters heraus speist sich sein Handeln. Der verloren geglaubte Junge ist dem Vater nicht gleichgültig. Ein Fest wird vorbereitet, weil der Sohn zu einem neuen Leben gefunden hat und das aus eigener Kraft. Doch es gibt noch einen zweiten Sohn, der über die Reaktion des Vaters bei der Rückkehr des Bruders sogar zornig wird. Er sieht seine Felle davon schwimmen. Diese menschliche Regung ist uns nicht fremd: Da verprasst der Bruder seinen Teil des Erbes und als Dank wird er ihm sogar vorgezogen; zumindest glaubt dies der andere Sohn.
Doch auch hier gilt es den Text genau zu lesen. Denn da heißt es ganz am Anfang: „Da teilte der Vater das Vermögen auf." (V12b) Das wiederum wirft Fragen auf. Denn was hat der andere Sohn mit seinem Anteil des Erbes gemacht? Er ging ja nicht leer aus. Im Gegensatz zu seinem Bruder hat er aber den Vater nicht alleine gelassen und ist ihm immer zur Hand gegangen. Vielleicht ist es richtig, dass er

seinem Vater nicht verwöhnt wurde und dennoch seinen Beitrag zum elterlichen Hof leisten musste. Wichtig ist die Reaktion des Vaters, denn der sagt: „Mein Kind, du bist immer bei mir, und alles, was mein ist, ist auch dein." (V31) Er wird demzufolge nicht benachteiligt.

Der Augenblick als Existenzsicherung

Der Augenblick bedarf der Existenzsicherung. Goethes Faust lehnt sich weit aus dem Fenster, wenn er Mephisto das Zugeständnis macht: „Werd' ich zum Augenblicke sagen: / Verweile doch! du bist so schön! / Dann magst du mich in Fesseln schlagen, / Dann will ich gern zugrunde gehen!" Faust will nicht im Augenblick stehen bleiben, weder im Suchen nach immer mehr Wissen und mehr Erkenntnis noch in der Befriedigung zutiefst menschlicher Bedürfnisse. Sollte er dennoch mal schwach werden, dann soll ihn Mephisto in die Hölle mitnehmen. Kein Verweilen, keine Rast und keine Ruhe. Das klingt sehr modern, weshalb Goethes Hauptwerk heute und auch in Zukunft seine Gültigkeit besitzen wird. Nicht zufällig übersetzt Faust den ersten Satz des Johannes-Evangeliums – „Im Anfang war das Wort" – mit „Im Anfang war die Tat". Nicht das feingeistige, präzise Wort sucht er im Leben, nicht den Gedanken, das Verweilen des Geistes in der Suche nach Tiefe und Sinn, sondern er fordert

für sich Kraft, Tat, Handeln, nicht denken, sondern tun. Das führt ihn dann bekanntlich in die Katastrophe.
Faust steckt in einer tiefen Existenz- und Lebenskrise. Er ist zum Äußersten bereit – sogar zum Selbstmord. Alles ödet ihn an. Bis er sich an den Teufel in persona verkauft. Mephisto bezeichnet sich selbst als „der Geist, der stets verneint! Und das mit Recht; denn alles, was entsteht, / Ist wert, dass es zugrunde geht; / Drum besser wär's, dass nichts entstünde. / So ist denn alles, was ihr Sünde,/ Zerstörung, kurz, das Böse nennt, / Mein eigentliches Element." War es nur ein Moment der Schwäche, als er an den großen Widersacher gerät? Als er bemerkt, dass selbst der Teufel seine Gesetze hat, an die er gebunden ist? Dass mit so einem dann wohl auch ein Pakt zu schließen ist? Mephisto jedenfalls hat mit dem akademischen Faust, der seine beruflichen Höhepunkte bereits hinter sich hat, keine große Mühe. Faust läuft ihm bereitwillig in die Fänge. Faust plagen keine materiellen Sorgen. Aber in ihm rumort es. Für ihn muss es im Leben mehr als Alles geben. Er will wissen, „was die Welt im Innersten zusammenhält". Er will mehr, als ein Mensch überhaupt begreifen kann. Und da er nicht gottgleich werden kann, versucht er es eben mit dem Teufel. Dieser bietet sich just in dem Moment seiner größten Schwäche als Begleiter und Erfüllungsgehilfe seiner Sehnsüchte an. Dieser Augenblick verändert in Fausts Leben alles, bis hin zu den Konsequenzen, die sich

aus der Verbrüderung mit dem „Geist, der stets verneint“, ergeben.
Die Bedeutung des Augenblicks findet sich auch in Friedrich Schillers Gedicht „Die Gunst des Augenblicks“:
„Und so finden wir uns wieder In dem heitern bunten Reihn, Und es soll der Kranz der Lieder Frisch und grün geflochten sein. Aber wem der Götter bringen Wir des Liedes ersten Zoll? Ihn vor allen lasst uns singen, Der die Freude schaffen soll. Denn was frommt es, dass mit Leben Ceres den Altar geschmückt? Dass den Purpursaft der Reben Bacchus in die Schale drückt? Zückt vom Himmel nicht der Funken, Der den Herd in Flammen setzt, Ist der Geist nicht feuertrunken, Und das Herz bleibt unergötzt. Aus den Wolken muss es fallen, Aus der Götter Schoß, das Glück, Und der mächtigste von allen Herrschern ist der Augenblick.
Von dem allerersten Werden Der unendlichen Natur Alles Göttliche auf Erden Ist ein Lichtgedanke nur. Langsam in dem Lauf der Horen Füget sich der Stein zum Stein, Schnell, wie es der Geist geboren, Will das Werk empfunden sein. Wie im hellen Sonnenblicke Sich ein Farbenteppich webt, Wie auf ihrer bunten Brücke Iris durch den Himmel schwebt, So ist jede schöne Gabe Flüchtig wie des Blitzes Schein; Schnell in ihrem düstern Grabe Schließt die Nacht sie wieder ein.“

Während Faust im Augenblick einen Qualitätsumschwung erwartet, quasi den „Kairos“ ergreift, so deutet Schiller den Augenblick nicht nur als ein Ergreifen, sondern ganz bewusst als Gegensatz zur Unendlichkeit der Natur. Er ist bloß noch „Lichtgedanke“ im Zeitlauf allen Seins oder „flüchtig wie des Blitzes Schein“ und somit eingebettet in den Lauf der Zeit.

Ähnlich äußert sich der argentinische Schriftsteller Jorge Luis Borges in seinem Gedicht „Wenn ich mein Leben noch einmal leben könnte“, dass er zwar auch „Momente der Freude“ erfahren habe, aber in einem anderen Leben mehr darauf achten würde „mehr gute Augenblicke zu haben“.

„Wenn ich mein Leben noch ein mal leben könnte, im nächsten Leben, würde ich versuchen, mehr Fehler zu machen. Ich würde nicht so perfekt sein wollen, ich würde mich mehr entspannen. Ich wäre ein bisschen verrückter, als ich es gewesen bin, ich würde viel weniger Dinge so ernst nehmen. Ich würde nicht so gesund leben, würde mehr riskieren. Ich würde mehr reisen, mehr Sonnenuntergänge betrachten, mehr bergsteigen, mehr in Flüssen schwimmen. Ich würde an mehr Orte gehen, wo ich vorher noch nie war. Ich würde mehr Eis essen und weniger dicke Bohnen. Ich würde mehr echte Probleme als eingebildete haben. Ich war einer dieser klugen Menschen, die jede Minute ihres Lebens fruchtbar verbrachten. Freilich hatte ich auch Momente der Freude, aber wenn ich noch einmal anfangen könnte, würde ich versuchen, nur mehr gute Augenblicke zu haben. Falls du es noch nicht weißt, aus diesen besteht nämlich das Leben, nur aus Augenblicken. Vergiss nicht das Jetzt! Ich war einer derjenigen, die nirgendwo hingingen ohne ein Thermometer, eine Wärmeflasche, einen Regenschirm und Fallschirm. Wenn ich noch einmal leben könnte, würde ich leichter reisen. Wenn ich noch einmal leben könnte, würde ich von Frühlingsbeginn an bis in den Spätherbst hinein barfuß gehen. Ich würde mehr Karussell fahren, mir mehr Sonnenaufgänge ansehen und mehr mit Kindern spielen, wenn ich das Leben noch vor mir hätte. Aber sehen Sie... ich bin 85 Jahre alt und weiß, dass ich bald sterben werde."

In seinem Lebensfluss hat er sein 85. Lebensjahr erreicht und schaut zurück und sucht im Grunde die Augenblicke im Leben, für die es sich eigentlich zu leben lohnt, weil sie mehr als nur Momente sind, aber auch mehr als das Aufblitzen des Geistes, sondern die Sinnerfahrung des Lebens an sich darstellen. Sinn und Lebensqualität verbinden sich bei ihm zu einem organischen Ganzen. Der Augenblick ist für ihn das Wagnis des Lebens, der erst das echte Leben schafft. Ohne ihn wird alles leer und schal. Er ruft den Leser heraus: „Falls du es noch nicht weißt, aus diesen besteht nämlich das Leben, nur aus Augenblicken. Vergiss nicht das Jetzt!"

Nicht das „Jetzt" zu vergessen, ist auch ein Postulat des Christlichen. Was wirklich zählt für uns Menschen, ist das Leben im Hier und Heute anzugehen. Der Gott, wie ihn Moses im brennenden Dornbusch erfahren hat, ist der Gott, der uns stets begleitet, auch wenn wir es nicht vermuten. Der „Ich-bin-hier"-Gott ist auch der Gott der Christen. Aber um jetzt auch wirklich anzukommen und sich gegenwärtig zu fühlen ist der qualitative Sprung notwendig. Und der Augenblick des Sprungs liegt im Übergang von der Möglichkeit zur Wirklichkeit. So hat es auch der dänische Philosoph und Theologe Sören Kierkegaard gemeint. Der qualitative Sprung hat nichts zu tun mit einem Sprung, der sich quantitativ versteht. Dies trifft zweifellos für Leichtathleten zu. Der qualitative Sprung bleibt lebenslange Aufgabe eines jeden. Erst dadurch verwirklicht sich das Selbst eines Menschen. Dieser Sprung ist ein Vollzug im Augenblick des menschlichen Daseins. Es geht um eine Lebenssituation, die eine Herausforderung darstellt, die man ergreifen kann oder nicht. Dabei versteht sich der Sprung in diesem Zusammenhang als eine von zweifellos vielen Möglichkeiten, in der Wirklichkeit des je eigenen Lebens anzukommen und präsentisch zu werden, näher an Gott heranzurücken und damit in eine Wirklichkeit einzutauchen, die sich so wahrscheinlich nie mehr ereignen wird.

Zugang zu Gott finden

Wie findet man einen Zugang zu Gott? Eine Möglichkeit ist – wie schon erwähnt – die Mystik. Eine

schöne Umschreibung dessen, was Mystik sein kann, will man sie umkreisend fassen, weil eine definitorische Eingrenzung des Begriffs der Mystik schwierig ist, liefert die Philosophin und Karmelitin Edith Stein: „Das ist es, was die Kenner des inneren Lebens zu allen Zeiten erfahren haben: Sie wurden in ihr Innerstes hineingezogen durch etwas, was stärker zog als die ganze äußere Welt; sie erfuhren dort den Einbruch eines neuen, mächtigen, höheren Lebens, des übernatürlichen Göttlichen. [...] Die mystische Begnadung gibt als Erfahrung, was der Glaube lehrt: die Einwohnung Gottes in der Seele."
Der Theologe und Religionsphilosoph Paul Tillich schreibt: „Nur weil Gott auch im Menschen ist, kann der Mensch nach Gott fragen und kann Gottes Antwort vom Menschen vernommen werden. Die Begriffe innen und außen verlieren ihren Gegensatz in der Beziehung von Gott und Mensch."

Darüber hinaus kann aber gesagt werden, dass Mystik einer bestimmten Einstellung zur Wirklichkeit entspricht und auf einer inneren Erfahrung gegründetes Erkennen und Gewahrwerden Gottes beruht. Theologische Positionen werden dabei um die Dimension der Erlebens und der persönlichen Erfahrung erweitert. So betrachtet, bildet die Mystik eine Einheit von Theologie und religiöser Praxis. Sie ist nicht theoretisch, sondern denkbar in Versenkung, Gebet, Ekstase oder Vision. Sie ist gebunden an eine persönliche Sprache

des Erlebenden zur Beschreibung seiner Gotteserfahrung.
Große Gestalten der Kirchengeschichte wie Hildegard von Bingen, Mechthild von Magdeburg, Teresa von Avila und Johannes vom Kreuz gehören zu denen, die ihr mystisches Schauen der Nachwelt bekannt gemacht haben und bis heute nicht nur einen gewichtigen Platz in der Ordensgeschichte einnehmen, sondern deren Werke von größter Anschaulichkeit und spiritueller Tiefe gekennzeichnet sind.
Besonders anschaulich beschreibt dies der Dominikaner Meister Eckhart in seinen „Reden der Unterweisung“: „Der Mensch muss sich daran gewöhnen, in nichts das Seine zu suchen und zu erstreben, vielmehr in allen Dingen Gott zu finden und zu erfassen. Denn Gott gibt keine Gabe und hat noch nie eine gegeben, auf dass man die Gabe besitze und bei ihr ausruhe. Alle Gaben vielmehr, die er je im Himmel und auf Erden gegeben hat, die gab er alle nur zu dem Ende, dass er eine Gabe geben könne: die ist er selber.“
Von einem Mystiker lässt sich sagen: Er ist ein Mensch, der Gott allzeit gegenwärtig haben will; der ihn sucht in allen Dingen, der auf sein Inneres lauscht, weil Gott immer neu in ihm geboren werden will; ein Mensch, der Gott schweigend entgegen wartet, die Stille in sich wirken lassen will, der sich selbst leer werden lassen möchte, immer übend, dem Geheimnis Gottes entgegen zu lauschen.

Besonders eindrucksvoll beschreibt Eckhart seine Vorstellung davon, dass Gott im Menschen Wohnung nehmen will und ganz dicht in seiner Seele Einzug halten möchte: „Gott ist in allen Dingen wesenhaft, wirkend, gewaltig. Gebärend aber ist er nur in der Seele; denn alle Kreaturen sind ein Fußstapfe Gottes, die Seele aber ist naturhaft nach Gott gebildet. Dieses Bild muss durch diese Geburt geziert und vollendet werden. Für dieses Wirken und diese Geburt ist keine Kreatur empfänglich als einzig die Seele“.
Um dies zu verdeutlichen kann man folgendes Bild heranziehen. Der Mystiker ist wie ein Mensch, der am Strand eines Meeres steht und den Horizont absucht nach einem Fixpunkt, an dem der suchende Blick Halt findet. Das Meer ist die menschliche Seele. Sie reicht tief bis auf den Grund hinab, wo Gott beim Menschen einkehren will. Das lässt Eckhart sagen: „Die Wahrheit ist innen in dem Grunde und nicht draußen. Wer nun also Licht und Einsicht in alle Wahrheit finden will, der schaue aus und achte auf diese Geburt in sich und in dem Grunde: dann werden alle Kräfte erleuchtet und der äußere Mensch dazu. Denn sobald Gott den Grund innen mit der Wahrheit berührt, wirft sich das Licht in die Kräfte, und der Mensch kann dann bisweilen mehr, als ihn irgendwer zu lehren vermöchte.“
Doch mit dem gewaltigen Bild der Gottesgeburt in der menschlichen Seele hatte Eckhart sich nicht nur Freunde gemacht. Er wurde der Häresie, der falschen Lehre, verdächtigt. Wenn Gott in jedem

Menschen einwohnen kann, wozu braucht es da noch die Kirche? Die Aufgabe der Kirche ist die Vermittlung des Glaubens, die Verkündigung des Evangeliums. Ohne die Kirche gäbe es keine Botschaft vom Reich Gottes, die über Generationen weiter erzählt wird. Der dominikanische Theologe Edward Schillebeeckx spricht gerne von der Geschichte Gottes mit den Menschen. Und er spricht davon, dass wir Christen eine große Erzählgemeinschaft bilden von den ersten Tagen der Christen an bis heute.

Meister Eckhart postuliert einen Gott, der gefunden werden will in der menschlichen Seele. Dazu benutzt er folgendes Bild: „Wenn ein Meister ein Bild macht aus Holz oder Stein, so trägt er das Bild nicht in das Holz hinein, sondern er schnitzt die Späne ab, die das Bild verborgen und verdeckt hatten; er gibt dem Holze nichts, sondern er benimmt und gräbt ihm die Decke ab und nimmt den Rost weg, und dann ergänzt er, was darunter verborgen lag. Dies ist der Schatz, der verborgen lag im Acker, wie unser Herr im Evangelium spricht (Mt 13,44)."

Der Glaube steht und fällt mit dem Gottesbild. Ist Gott verborgen wie ein Schatz in einem Acker, wie der Hirte einer Herde, wie ein König, wie ein Licht für die Menschen, wie das Brot des Lebens, wie ein Erlöser, wie ein Vater für seine Kinder, wie ein Freund, Retter, Bruder? Ist er bergend, schützend, liebend, wohlwollend? Oder ist er wie ein Richter, ein Buchhalter, ein großer Krieger? Ist er eifersüchtig, nachtragend, aufrechnend, verurteilend, strafend, vernichtend? Es gibt so viele Gottesbilder. Ich richte die Frage an mich selbst. Wer also ist Gott für mich? Er ist für mich einerseits der Unverfügbare, anderseits der, der mit durch mein Leben geht. Er ist derjenige, von dem letztendlich nichts wirklich ausgesagt werden kann. Nur dies: Er ist das Geheimnis, der das Leben umgibt, der Unsichtbare, dem ich mich nahe fühlen möchte. In Jesus Christus ist er konkret geworden und somit keine Abstraktion oder ein philosophisches Gebilde. Er war auf Erden und sein Geist, der gute Geist Gottes, ist unsichtbar anwesend. Nahe fühle ich mich ihm betend und schweigend, wenn es nichts mehr zu sagen gibt. Wenn die Worte längst an ihre Grenzen gestoßen sind, wenn kein Gedanke mehr in irgendeinen Begriff gefasst werden kann.

Das erinnert an die Geschichte eines Bauern, der stumm in der Kirche saß. Als der Pfarrer ihn fragte, was er denn da die ganze Zeit tue, antwortete er: Er schaut mich an und ich schaue ihn an.

Das hört sich einfach an, ist aber nicht immer praktizierbar. Was, wenn die Anforderungen des Alltags mich fast ersticken, wenn nur noch dem Terminkalender hinterher gejagt wird? Wenn es so vieles zu tun und zu erledigen gibt? Wo ist da noch Platz für Gott? Mich tröstet ein Satz der hl. Teresa von Avila: „Gott ist auch zwischen den Kochtöpfen!" Also: Er ist auch da, wenn ich mich streite, wenn ich schlecht drauf bin und alle mir auf die Nerven gehen. Er ist auch da, wenn ich die gute Nachricht erfahre, dass eine Verwandte doch keinen Krebs hat. Er ist zwischen den Kochtöpfen, auch zwischen meinen: dem Computer, dem Stau auf der Autobahn und einer warmen Dusche nach einem anstrengenden Arbeitstag. Er ist jedenfalls da. Auch wenn er mir nicht durch den Kopf geht.

Realität und Wirklichkeit unterscheiden

Wirklichkeit ist nicht, sondern wird. Um sie von der erfahrbaren Wirklichkeit abzugrenzen, ist es sinnvoll zwischen Wirklichkeit und Realität zu unterscheiden. Realität wäre demnach das, was an Wirklichem vorliegt und bereits da ist. Wirklichkeit hingegen ist das sich immer neu konstituierende Leben, seine Beziehungen wie auch das Verhältnis zwischen Mensch und Gott. Realität also ist, Wirklichkeit wird. Beides aber ist Gegenwärtigkeit: Realität ist die vorgefundene Gegenwärtigkeit von allem, was ist; Wirklichkeit ist eine sich im ständigen Wandel vollziehende Gegenwärtigkeit von dem, was ist, im Verhältnis zum Sein an sich. Der Verweis bzw. der ständige Hinweis auf die stets neu entstehende Wirklichkeit ist die Sprache, gleichzeitig aber ist die Sprache Teil dieser zu bezeichnenden Wirklichkeit.
Am Beispiel von Meister Eckarts Predigten ist das gut nachzuvollziehen. Eckhart spricht immer wieder von der Menschwerdung Gottes auf dem Grund der Seele, was bedeutet, dass Gott sich immer wieder eine „Heimstatt“ in der menschlichen Seele

sucht. Er will, um es metaphorisch auszudrücken, bei den einzelnen Menschen seine Wohnung beziehen. Gott wohnt nach diesem Gedankengang den Menschen inne, sofern der Mensch sich darauf einlässt und sich für Gottes Wirklichkeit und sein Wirken bereit hält. Gott wird also im Menschen. Dieses Werden ist, wie es der Eckhart-Forscher Dietmar Mieth ausdrückt, „nicht als räumliche Fortbewegung oder zeitliches Werden und Vergehen gemeint, sondern als ein Geschehen im Jetzt, das quer zur Zeit steht, sozusagen in einer anderen Dimension des Wirkens. Es ist freilich ein Wirken, das immer, ohne Unterlass geschieht. Sonst würde alles in den Strudel des Nichts fallen, wenn dieses Wirken nicht ständig geschähe: als Hervorgang der Schöpfung, aber auch als Menschwerdung."

Wie aber konstituiert sich für Meister Eckhart der Gedanke als Wort Gottes in der menschlichen Sprache? Dazu schreibt Mieth weiter: „Der von der Glaubenssprache als angemessene Sprache für die volle Wirklichkeit Gott-Mensch-Kosmos erschlossene philosophische Gedanke ist es, der den verborgenen Sinn erschließt und kontrolliert. Dieser Gedanke ist zugleich göttliche Selbstmitteilung im Wort (Logos) und in der Kreatur als von Gott durch die Schöpfung gegebenes Lesegerät. Dieser lässt sich am Anfang der Auslegung des Johannes-Evangeliums am Wort ‚bei' (apud) zeigen:‚Und das Wort war bei Gott' (Joh 1,1). Was macht Eckhart daraus? Er denkt philosophisch darüber nach, wie

das Hervorgebrachte im Hervorbringenden auf diese Weise das Hervorbringende ist: das Wort also im Sprechenden, noch bevor er es spricht, das Werk im Künstler, bevor er es ausführt. Da ist zugleich Identität zwischen Sprecher und Wort (‚Gott war das Wort'), aber auch in der Differenz (‚bei')."
Will man Gottes Wirklichkeit auf dem von Meister Eckhart dargestellten terminologischen, philosophischen und theologischen Hintergrund her begreifen, ist es sinnvoll, diese Wirklichkeit zu elementarisieren. Zu Eckharts Gedankengang gehört es zu wissen, dass das menschliche Sein im christlichen Sinne ganz Beziehung ist. Weiterhin wirkt sich die göttliche Beziehung auf das Beziehungsgeflecht in folgender Weise aus: Gottes Wirklichkeit liegt ein dreidimensionales Welt-Zeit-Kontinuum zugrunde. Zum einen ist der innergöttliche trinitarische Liebesprozess der Gottheit unabhängig von Zeit und Welt. Gleichzeitig ist es aber ganz auf die Welt hin ausgerichtet in einem Beziehungsgefüge von Gott und Mensch in Zeit und Welt. Zum dritten findet sich diese göttliche Wirklichkeit, die man auch als Wirkmacht bezeichnen kann, in einem Handlungsgefüge von Mensch zu Mensch in Zeit und Welt.
Ohne im Detail den weiteren Gedankengängen Eckharts zu folgen, weil es der Konzeption des Buches nicht gerecht würde, kann aber folgendes gesagt werden. Zu Eckharts Lehre vom menschlichen Wirken als Antwort auf die Gnade der Einwohnung Gottes auf den Grund der menschlichen Seele

stellt Dietmar Mieth zusammenfassend fest: „Gott ist das lautere Wirken (actus purus). Gottes Wirken setzt sich in meinem Werden fort. Der Mensch ist daher der Ort, in welchem sich passiv, gefördert durch seine Bereitschaft, das Wirken Gottes an der Welt vollzieht. Die höchste Bereitschaft des Menschen ist die Durchlässigkeit für Gottes Wirken. Wo die Durchlässigkeit besteht, wird das Werk des Menschen fruchtbar. Diese Fruchtbarkeit erweist sich auch angesichts der Not des Nächsten. Die Frucht des Werkes besteht aber auch in der Rückwirkung auf den handelnden Menschen."

Eckharts mystischer Ansatz, dass die Seele des Menschen aufnahmebereit sein muss, um Gott quasi einen Landeplatz zu bereiten, um bei ihm wohnen zu können, ist ein Gedanke, der zunächst immer nur den einzelnen Menschen anspricht. Gott vereinigt sich immer nur mit einem konkreten Menschen und der Mensch „antwortet" auf den Akt Gottes bzw. sein Wirken in der menschlichen Seele. Für die Wirkrichtung Gottes ist somit der Einzelne „zuständig". Natürlich gab es in der Zeit Eckharts zu Beginn des 14. Jahrhunderts den Begriff des Individuums noch nicht. Dennoch weisen Eckharts Überlegungen in die richtige Richtung für uns heutige Menschen. Daher auch der etwas theoretische kleine Ausflug in Eckharts Gedankenwelt.

Wer Gott „erspüren" und „spüren" will auf seinem spirituellen Weg, dem leistet das Eckhartsche mystisches Denken große Dienste. Gerade in unserer individualisierten Gesellschaft, in dem das einzelne Ich niemals und unter keinen Umständen zurückstecken will und die Verführung für die richtige „Entscheidung“ im spirituellen Bereich mehr als nur schwierig ist – da steht Eckhart Pate. Und zwar dafür, dass der Einzelne, wenn er eine große Affinität zum Glauben hat, sich ganz auf Gott einlassen kann und darf. Dafür sollte der Mensch hellhörig werden für jede Schwingung, die aus dem Schweigen erwächst. Denn nur aus der Stille und der Kraft des Schweigens ist Gottes Stimme, sein Wehen und sein Atem zu vernehmen.

Das ist letztlich mit Worten nicht mehr zu beschreiben. Weil Worte und Sprache an eine Grenze stoßen, wo es nicht mehr weiter geht. Der Mensch kann nur ganz bedingt Erfahrungen sammeln, die außerhalb der empirischen Realität liegen. Dafür braucht es Zeit, eine gute geistliche Begleitung und ein Sich-fallen-lassen in Gott hinein. Das hört sich vielleicht merkwürdig an, aber nur in diesem Lassen, diesem typischen Eckhart-Wort, nur darin können wir Gott vielleicht finden. Gott schreit und lärmt nicht, aber er ist in jedem Augenblick zugegen.

Dass wir in einer Realität leben, die wir oft genug fliehen wollen, ist eine Tatsache. Noch wichtiger aber ist das Wissen, dass außer unserer Realität unser Leben von Wirklichkeiten umgeben ist, die noch nicht erschlossen sind, die noch nicht aufgeschlossen werden konnten, weil der Schlüssel dazu fehlt. Was ist damit gemeint? Einfach dies: Wir sind als Menschen und als Individuen ein eigener Kosmos. Das erkennt man an unserem eigenen inneren Leben und Erleben, an unseren Gedankengängen, den Ängsten und Hoffnungen, die uns froh oder krank machen, an unseren Träumen. Aber auch an den Zäunen und Mauern, die wir um uns herum errichten. Zwar sind wir soziale Lebewesen und brauchen den Anderen unbedingt, denn wir leben nicht auf einer Insel. Wir würden verkümmern und verstummen, aber auf eine ganz negative Art und Weise. Robinson Crusoe lebte nach seinem Schiffbruch auf einer einsamen Insel viele Jahre lang. In diesem „Paradies", wo alles ihm gehörte, gehörte doch nichts ihm selbst. Er konnte nicht teilen, nicht die Freude, nicht die Not, nicht die Krankheiten, nichts. Er sehnte sich nach einem Gegenüber, wie Adam in der mythischen Erzählung vom Paradies. Wir leben zwar in keinem Paradies und wir müssen alle viel dafür tun, dass wir einigermaßen lebenswert unser Dasein einrichten können. Was wir alle wollen und brauchen, ist – neben den vielen materiellen Dingen, von denen man das meiste nicht braucht – den Partner, die Partnerin, Menschen, die uns den Spiegel vor Augen halten, die es gut mit uns meinen, auch wenn wir nur wenig Gutes tun. Immer brauchen wir den Anderen, so wie der Andere uns braucht. Nur gemeinsam ist soziales Leben möglich. Wahrheiten können nur andere aussprechen, wir können uns selbst keine Wahrheiten zusagen, weil wir sie oft genug nicht kennen oder ausblenden. Andere weisen Dimensionen unserer Möglichkeiten des Werdens erst auf, weil wir sie selbst nicht erkennen können oder „blind“ dafür sind. Sowohl für das Göttliche als auch das Menschliche brauchen wir den Diskurs.

Fortbewegen kann sich nur, wer in Bewegung ist: auf andere zu oder von anderen weg. Alles ist möglich und doch hat jeder die Möglichkeiten selbst in der Hand. Bleiben wir in Bewegung mit Körper, Geist und Seele! Lassen wir andere in unsere Wirklichkeiten hinein, erklären wir ihnen unsere Wirklichkeiten und bereiten wir den Boden für ein Miteinander im sozialen und geschwisterlichen Umgang. So gelebte soziale Spiritualität heißt letztlich: jeder spirituell Lebende ist im Austausch, braucht Anregung und Begleitung, verbindet sich mit anderen. Nur über das Du wird das Ich.

Wo bist du, Gott?

Die Frage „Wo bist du?“ kann rein informativ gemeint sein. Jemand sucht sein Kind, will wissen wo es ist. Das Kind ruft: „Hier bin ich!“, und schon ist der Rufende beruhigt. Das ist zunächst keine existentielle Frage, kann es aber werden, wenn sich das Kind nicht meldet und man nach ihm suchen muss und es vielleicht nicht gleich findet.

„Wo bist du?“ werden Verwandte oder Freunde verzweifelt geschrien haben nach den islamistischen Terroranschlägen in den letzten Jahren. Da ging es um Leben und Tod. Diese Frage hat den Beteiligten unter den Nägeln gebrannt. Verzweiflung und Angst, die existentieller nicht sein kann. Man will Gewissheit haben, auch wenn die Gesuchten vielleicht dem Terror zum Opfer gefallen sind. Die Frage „Wo bist du?“ in einem existentiellen Sinn zielt nicht unbedingt auf einen bestimmten geographischen Ort, der sich lokalisieren lässt. Gemeint ist vielmehr ein innerer Ort der Grundbefindlichkeit des Menschen. Ein Ort oder Raum, der das Selbst, die Person des Menschen erfasst und sein Denken und Handeln beeinflusst. Und damit auch den Umgang mit dem jeweiligen Gegenüber. Die Haltung eines Menschen wird daraus ersichtlich.

Ein Blick in die Bibel vermag diese Frage in besonderer Weise veranschaulichen. Im Buch Genesis sucht Gott Adam und ruft: „Wo bist du?“ Natürlich weiß Gott, wo Adam ist, es ist nur eine rhetorische Frage. Gott will, dass Adam sich erklärt. Schließlich hat sein Geschöpf ihn hintergangen. In welcher Grundbefindlichkeit trifft er ihn an? Adam antwortet: „Ich habe dich im Garten kommen hören; da geriet ich in Furcht, weil ich nackt bin, und versteckte mich.“ (Gen 3,10)

Damit gibt er das Dilemma zu, in dem er steckt. Er und Eva sind nackt. Wo Gott spricht, kann der Mensch nicht ausweichen. Gott sieht ihn, wie er ist. In seiner ganzen Gebrechlichkeit, Verlogenheit, in seiner Furcht oder auch in seiner ganzen ästhetischen Schönheit.

Adam und Eva begehen einen Vertrauensbruch und stehen nicht zu ihrer Schuld. Sie weichen aus,

schieben auf andere, was sie selbst verursacht haben. Sie geben nicht offen zu, einen großen Fehler begangen zu haben. Der jeweils andere dient als Sündenbock. Adam schiebt die Schuld auf Eva und die wiederum auf die Schlange.
Die Frage, die mit „Wo bist du?“ verwandt ist, lautet: „Wo wohnst du?“ Diese Frage ist enger gefasst als die erste. Wenn man sie umschreibt, kann man beispielsweise sagen: „Wo bist du Zuhause?“ oder „Wo bist du daheim?“ Neben einem konkreten Ort wird damit die Befindlichkeit eines Menschen angesprochen. Der schwedische Ikea-Konzern hatte vor einigen Jahren einen Werbeslogan kreiert, der den Ort des Zuhauses so umschreibt. „Wohnst du noch oder lebst du schon“? So banal der Satz daher kommen mag, er trifft aber den Nagel auf den Kopf. Denn es ist schon ein Unterschied, ob man irgendwo wohnt oder irgendwo lebt. Während das Wohnen eher Funktionalität beinhaltet, ist das Leben ein viel komplexeres Geschehen.
Wenn ich irgendwo lebe, habe ich das gesamte Wohnumfeld mit im Blick; die Menschen und ihre Beziehungen untereinander, das Klima des nachbarschaftlichen Miteinanders, die Art der Auseinandersetzung mit Themen des Alltags, der Berufswelt, der Freizeitbeschäftigungen, der Umgang mit Sorgen und Nöten in der eigenen Familie und bei den Nachbarn, vielleicht freundschaftliche Bande, die im Laufe der Jahre geknüpft wurden.
Wir können einfach nicht immer konkret sagen, wo Gott ist, wo er uns erwartet oder wo er in unser

Leben eintreten will. Man kann mit meditativen Gedanken aber ihn versuchen zu umschreiben:
Wo du wirklich bist, weiß ich nicht, Herr. Du bist zugegen, sagt die Schrift. Du bist bei mir. Und ich glaube, was ich oft nicht glauben kann. Du kannst doch nicht überall sein. Gleichzeitig. Ich versuche immer wieder zu glauben. Es ist einfach, wenn alles gut läuft. Aber wenn dunkle Wolken aufziehen. Wo bist du dann? Warum spüre ich dich nicht? Ich weiß, auch dann bist du zugegen. Kann ich jetzt Ja sagen zu dir? Du bist ein verborgener Gott, ein unaussagbarer Gott, du Namenloser mit den vielen Namen. Deinen wirklichen Namen wirst du mir zuflüstern in mein Ohr – eines Tages, den ich aber nicht bestimmen kann. Es soll mein letzter Tag sein und dann alles neu beginnen. Anders. Unvorstellbar anders. Das glaube ich wirklich.
Wo verbirgst du dich, wenn du dich verbirgst? Ein Kind sagt, du bist unsichtbar. Wirfst du eigentlich keinen Schatten? Ich kann ihn wohl nur nicht sehen. Aber manchmal im Sommer, in der Frische des Abends im Garten, da spüre ich einen Hauch, einen Windhauch, der kühlt, aber mich nicht erkalten lässt. Unbeschreiblich. Dann wächst mein Zutrauen in dich. Wie harmonisch Natur und Mensch sein können. Manchmal.
Würde ich inniger und fester glauben, wenn ich dich sehen und anfassen könnte wie Thomas? Der Glückspilz! Der kannte sogar den Ort deines Daseins, direkt neben ihm. Doch selig, die nicht sehen

und dennoch glauben! Wo wohnst du? Wo ist dein Zuhause? Wo ist mein Glaubensort? Er ist da, wo ich gerade bin: zwischen zwei Terminen in meinem Alltag; am Bahnhof, während ich auf den verspäteten Zug warte; bei einem Gespräch bei Menschen, die einen Verwandten oder einen Freund verloren haben; bei meinem Enkelkind, mit dem ich spiele; bei einer Trauung, einer Taufe, während der Feier, abends im Bett, am Schreibtisch, während der Autofahrt, einer schlaflosen Nacht. Dann immer bist du bei mir. Du bist in meiner Nähe, auch wenn du nicht in meiner Nähe bist; ich traurig bin, krank, verletzt, missverstanden, beleidigt, wenn ich wütend und zornig bin, wenn ich jemandem Unrecht tue, ihn verfluche, wenn der Kontakt mit einem Menschen abbricht, der mir mal viel bedeutet hat. Wenn ich mir mit Menschen, die ein Stück Leben mit mir gegangen sind, nichts mehr zu sagen habe; wenn niemandem eine Schuld zuzuweisen ist, weil das Leben einfach so ist, wie es ist.
Ich glaube, dass du, Herr, in jeder Kirche wohnst, im Allerheiligsten zugegen bist, wenn ich dich anbete, dich um etwas bitte, wenn ich einfach nicht mehr weiter weiß. Du wohnst bei mir. Aber auch bei anderen, überall dort, wo die Menschen dich in ihr Herz lassen. Ins Herz? Wieso ins Herz? Ja, in die Mitte des Selbst, ins Innerste einer Person. Wenn es Menschen im wahrsten Sinne unter die Haut geht, wenn so etwas, wie ein kleines Wunder geschieht. Wenn Leben neu entsteht, wenn Leben endet. Weil auch das so sein muss.

Spiritualität braucht Beständigkeit

Immer auf Achse

Schon morgens beim Frühstück beginnt die Hektik. Mit der einen Hand rührt man den Kaffee um, in der anderen hält man eine Scheibe Brot, in die man dann hineinbeißt. Zwischendurch muss eine Hand die Tageszeitung umblättern, während die andere den Kaffee wieder umrührt. Einige Kommentare zum Weltgeschehen im Radio, das im Hintergrund läuft; dann hört man die neuesten Stau-Berichte. Morgen-Rituale dieser und ähnlicher Art kennt jeder. Wir hetzen von Termin zu Termin, immer die Uhr im Blick, telefonieren noch schnell, während wir auf der Toilette sitzen. Im Auto telefonieren wir weiter und machen schon die Termine für den Abend klar. Wir funktionieren wie ein Roboter, alles könnte auch digital programmiert sein. Kaum ein Fehler unterläuft. Aber wir erleben auch kaum anderes Verhalten im Alltag. Jeder ist gehetzt. Immer auf Achse. Das kann nur gut gehen, solange man noch einigermaßen jung und belastbar ist. Aber was ist später – jenseits der 50? Und was ist jenseits der 65, wenn dann der sogenannte Ruhestand eintritt? Was machen wir dann bloß mit der vielen Zeit, die nicht mehr verplant ist? Oder sind wir dann innerlich so eingestellt, dass uns etwas fehlt, das wir eine Tagesordnung nennen, ein Halte-Rahmen für das Ich, damit es nicht auseinanderbricht?

Das Bleibende im Menschen

Wir wissen um die Dimensionen der Welt, also der Realität, in der wir leben, wir wissen um die unendlichen Weiten des Universums und wir wissen vielleicht auch, dass Naturwissenschaftler davon ausgehen, dass es wohl mehr als nur unser Universum gibt.
Aber jetzt muss die Rede davon sein, dass jeder Mensch für sich bereits ein eigener Kosmos ist, ein eigenes Universum. Dass jeder der Milliarden von Menschen einzigartig ist, dass der Fingerabdruck eines Menschen einmalig ist, dass das Leben eines jeden unvergleichlich wertvoll ist. Und dass Gott auf dem Grund der menschlichen Seele wohnt. Das lässt sich allerdings nicht berechnen, es lässt sich nur mit Sprache beschreiben, in Bildern und Metaphern ausdrücken und man darf es glauben. Einen schlüssigen Beweis gibt es nicht, sowenig wie es sich beweisen oder widerlegen lässt, wann das, was wir Realität nennen, irgendwann einmal zu einem Ende kommen wird. Wir wissen nicht, wie es nach dem Tod weiter geht. Gläubige Menschen hoffen es, andere belächeln diese Vorstellung und glauben, dass mit dem Leben alles aus und vorbei ist. Das ist eine brutale und frustrierende,

deprimierende und enttäuschende Aussage, die mich in Angst und Schrecken versetzt, glaube ich doch an ein Weiterleben nach dem Tod in welcher Form auch immer. Was wir zum Leben und Weiterleben nach allen Niederlagen, Enttäuschungen, aber auch Gelungenem brauchen, ist die Hoffnung. Ohne Hoffnung friert jeder Lebenswille ein. Das Leben ist ein sehr empfindliches Pflänzchen, das schnell dem Kältetod erliegen kann.

Als Christen hoffen wir. Und wo Hoffnung ist, da gibt es Zukunft und Beständigkeit. Da gibt es Augenblicke, die unvergleichlich sind, da gibt es aber auch das Bleibende. Banal und einfach ausgedrückt, ist das Bleibende die einzige Konstante im menschlichen Leben, die durch nichts und niemanden entfernt werden kann. Sie kann nicht ausradiert oder gelöscht werden, sie kann nicht überrumpelt oder betrogen werden, kann nicht durch andere manipuliert werden. Das Bleibende steht im inneren Leben des Menschen; er muss sich dessen nur bewusst werden und herausfinden, was seine Konstante ist. Das Bleibende bleibt. Wie die Wahrheit. Was bleibt, geht nicht weg; vor allem läuft es nicht weg.

Vor dem Bleibenden muss niemand davonlaufen. Was bleibt, ist schon da und muss nicht gerufen werden. Es will sehr wohl gefunden werden. Zu finden ist das Bleibende in uns selbst. Gläubige mögen das Bleibende die Seele nennen. Dort wo Gott wohnt, das Ich, die Personalität, ja mehr noch: das Ich der Personalität ist das Intimste des In-

timen im Menschen. Das Bleibende enttäuscht nicht, weil es schon war, bevor unser Bewusstsein davon da war. Das Bleibende ist beständige Gegenwart. Ist das Jetzt im Jetzt. Ist absolute Präsenz in jedem Augenblick. Das Bleibende bleibt beständig, ist verlässlich, betrügt nicht, sondern ist da. Absolute Gegenwart, wie sie nicht gegenwärtiger sein kann. Das Bleibende ist Gottes guter Geist im Hier und Jetzt des Menschen. Das Bleibende füllt unsere Seele, ist der Augenstern, das Seelenfünklein.
Die Variablen sind die veränderbaren Größen dessen, was auf den Menschen zukommt und auch Wohnung bei ihm nehmen kann. Doch ist die Variable, wie der Name es schon sagt, nicht beständig, wie auch das auf den Menschen Zukommende temporär ist. Niemand weiß, wie lange der Gast bleibt, wann er geht oder ein anderer kommt. Es sind die Ein-Fälle in unser Leben, die Lebensumstände, die Katastrophen, die Höhepunkte des Glücks, die Freude, das Lachen und Lächeln, das Träumen und Schauen – aber all das zerfällt irgendwann wieder und bleibt nicht, sondern geht. Variablen des Lebens sind auch unsere Sehnsüchte. Sie können uns ganz hoch heben, ohne dass wir sie festhalten können. Und dann lassen sie uns wieder fallen. Unsere Sehnsüchte laufen uns immer voraus, das Bleibende bleibt, weil es beständig ist, ganz gleich, was mit uns auch passiert. Es ist an keine Zeit und keinen Ort gebunden.
Die Variablen können das Bleibende, die Konstante, nicht beeinflussen, jedoch kann das Blei-

bende im Bewusstsein des Menschen eine Reaktion auslösen, die Variablen des Lebens anders zu bewerten. Das setzt allerdings voraus, dass der Mensch eine starke Affinität zu seinem Bleibenden hat bzw. dass er sich des Bleibenden auch bewusst ist oder sich dessen zumindest bei drängenden Problemen des Lebens erinnert. Das Bleibende ist zwar da, aber es hält sich im Hintergrund. Der Mensch muss es von Zeit zu Zeit immer wieder wie aus einer Schublade hervorholen. Durch die Kraft seines Erinnerns und seiner Gedanken, aber auch durch seine emotionale Bindung an das Bleibende verfügt der gläubige Mensch über das Bleibende insofern, dass er es in seinem aktuellen Leben im Hier und Jetzt sofort wieder fruchtbar werden lässt. Wie kommt man zum Bleibenden? Man kommt gar nicht dazu, sondern zunächst ist das Bleibende eine Entscheidung des Menschen zum Glauben. Damit hat er sozusagen den Grund gelegt, indem er Gott signalisiert: Ich glaube dir. Ich glaube an dich, Gott.

Das ist keine Frage des Tuns. Tun tut Gott, soweit man das überhaupt ein Tun nennen kann. Der Mensch ist nur ein Empfänger der Gnade Gottes. Gott beugt sich zu seinem Glaubenskind hinab und nimmt Wohnung bei ihm. Die Kommunikation mit Gott ist eine Gewähr für die Präsenz Gottes auf dem Grund seiner eigenen Seele. Gott und Mensch tauschen sich aus wie zwei Freunde. Sie gehören zusammen. Freunde können sich natürlich auch trennen. Doch für Gott ist das kein Thema.

Er bleibt und wartet, dass der Mensch antwortet. Gott gibt sein Wort. Es ist das Wort des Glaubens und der Nähe und des Daseins. Der Mensch kann sich natürlich von Gott abwenden oder ihn vergessen, vielleicht sogar für lange Zeit oder für immer. Doch verlieren kann der Mensch Gott nicht. Gottes Ja zum Menschen gilt auch weiterhin. Gott wartet. Manchmal vergebens. Doch erinnert sich der Gläubige auch manchmal wieder seines Seelengrundes, erinnert sich des Bleibenden in seiner Beständigkeit. Vielleicht weil er als Kind Gott „bei sich" hatte und ihn als Jugendlicher „verloren" hatte. Als Erwachsener „findet" er Gott wieder und nimmt die Beziehung und Kommunikation zu ihm wieder auf. Doch muss sein Glaube mit ihm wachsen; der Kinderglaube von damals nützt ihm als Erwachsener nichts mehr. Er muss seinen Glauben vergegenwärtigen und ihn wieder in seiner Welt präsent haben. Doch das alleine reicht noch immer nicht. Der Glaube nämlich ist noch nicht „sein" Glaube, wenn er dazu noch nicht seine „Spiritualität" gefunden hat.

Glaube und Spiritualität gehören zusammen und sind getrennt voneinander nicht zu denken. Beide sind notwendig. Der Glaube ist die Hardware, die Spiritualität die Software, damit christliche Existenz überhaupt lebbar wird. Während der Glaube nach ganz bestimmten Gesetzmäßigkeiten, Vereinbarungen, ethischen Postulaten und Verhaltens-Regeln „funktioniert", ist die Spiritualität das Ur-Eigene des Glaubensvollzuges.

Spiritualität ist die Seele des Glaubens, ohne die der Glaube inhaltsleer und abstrakt wäre. Erst mit Leben gefüllt und in Anwendung, kommt sie zu ihrem Recht. Anders ausgedrückt: Der Glaube ist die Basis, die Spiritualität der Überbau des christlichen Lebens. Aber auch dieses Bild greift zu kurz, handelt es sich hier doch nicht um ein schematisches Verständnis der beiden grundlegenden Ausdrucksformen des Christlichen. Treffender ist das Verständnis eines kommunikativen Geschehens, eines Austausches, ohne dass es zu einer Vermengung kommt.

Beständigkeit bei Benedikt von Nursia

Das große Verdienst des hl. Benedikt beruht darauf, dass er dem westlichen Mönchtum eine eigene Verfassung gegeben hat. Der Theologe Hans Urs von Balthasar schreibt in seiner Bewertung der regula benedicti: „Die Seele des Morgenländers denkt und fühlt anders als die des westlichen Menschen. Sie liebt den mystischen Schwung, die glutvolle Versenkung in die heilige Welt des Geheimnisses, die freie Entfaltung des Dranges nach dem Letzten und Höchsten in Frömmigkeit und Askese. Der Abendländer ist von Natur nüchterner, auf das Praktische gerichtet, tüchtig im Rechtsleben und in der Organisation. (…) Erst die Regel des heiligen Benedikt gab dem Klosterleben des Westens eine feste Form und Norm, ohne das Wehen des göttlichen Geistes, das von der Urkirche her durch das alte Mönchtum ging, zu hemmen oder verkümmern zu lassen."Eine der Grundvoraussetzungen des Benediktinischen ist die Beständigkeit, die stabilitas loci. Der Mönch leistet darauf bei der Einkleidung ein Gelübde. Er verspricht dabei, die Abtei als eine künftige Wohnstatt anzuerkennen und das ganze Leben dort unter der Regel und der Führung des Abtes zu verbringen. Das Kloster galt in früheren Zeiten zumindest als ein in sich geschlossener Bezirk, in den die sogenannte Welt weder Einblick noch Zutritt hatten. Das Kloster war im Prinzip ein „himmlisches Jerusalem" auf Erden. Die Abteien waren autark; alles, was man zum Leben brauchte, gewährte das Kloster. In den Kapiteln 33 und 34 der Regel heißt es: Alles, was der Mönch benötigt, darf er vom Vater des Hauses erwarten, und dieser soll in der Verteilung des Nötigen nicht nach einer Schablone, sondern den wirklichen Bedürfnissen entsprechend vorgehen.

„Bei aller modernen Skepsis diesem Gelübde gegenüber sollte man nicht übersehen, dass darin auch hohe menschliche Werte wie Treue, Zuverlässigkeit, Verantwortungsgefühl, Frustrationstoleranz, Standhaftigkeit, Bindungsfähigkeit oder Einsatzbereitschaft angesprochen sind", stellt der Benediktiner Christian Schütz fest. „Ohne ein Minimum an Stabilität kann menschliches Leben und Zusammenleben nicht bestehen, wachsen und gelingen. Benedikt sieht das Versprechen der Beständigkeit nicht nur unter einem bestimmen Ausschnitt, sondern als eine geistliche Möglichkeit und Verpflichtung, die den ganzen Menschen in den Dienst Gottes stellt. (...) Der Außenstehende bemerkt noch mehr als der Insider die Atmosphäre der Ruhe, der Stille, der Einsamkeit und der Sammlung, die als wohltuende Frucht eines in örtlicher Beständigkeit gelebten Daseins empfunden und automatisch auf den inneren Menschen übertragen wird. Wir rühmen das ausgewogene Gleichgewicht und die sprichwörtliche Weisheit des Lebensrhythmus und der Tagesordnung im Kloster, in denen sich eine tiefe Stimmigkeit und ein harmonischer Zusammenklang des Lebens und seiner Äußerungen widerspiegeln, In einer solchen Umgebung kann der gehetzte und zerrissene Mensch sich fallen lassen und vor Anker gehen. Einen ähnlich beständigen Eindruck erwecken eine benediktinische Gemeinschaft und ihr Leben. Sie bleiben am Ort, bürgen für Kontinuität und Geborgenheit, während viele und vieles sich ständig ändern."

Beständigkeit schafft eine soziale und personale innere Ruhezone. Und zwar auf die Dauer des gesamten Lebens. Nicht dass Müßiggang das Prinzip der klösterlichen Gemeinschaft sei, das Gegenteil ist der Fall, jedoch verlaufen Arbeit und auch liturgische Zeiten, in einem ganz bestimmten Gleichmaß, die Kraft, Energie und Lebensfreude liefern. Und nicht zu unterschätzen ist der Kanon des Wertetableaus. In unserer modernen Zeit des Wertevakuums sind konservative Lebensvariablen

wie Treue, Zuverlässigkeit oder Verantwortung von nicht zu unterschätzender Wirkung, nicht nur innerhalb einer Gruppe oder Lebensgemeinschaft, sondern auch für Außenstehende. Sie haben sogar eine große Anziehungskraft, weil Menschen, die suchen, sich Vorbilder wünschen, denen sie nacheifern können. Werte sind direkt angebunden an Sozialisationsprozesse nicht nur von Kindern und Jugendlichen, sondern auch von Erwachsenen, die nicht zuletzt nach dem Sinn ihres eigenen Lebens fahnden. Die weitaus meisten Menschen, die auf der Sinnsuche sind, erhoffen auch eine emotionale Betreuung ihrer jeweiligen Lebenssituation.
Ohne es ständig präsent zu haben, ist der Mensch bemüht, seine wahre Mitte zu finden, damit er bei sich selbst einkehren kann. Das kann er von der benediktinischen Spiritualität lernen: nämlich sich gehalten wissen von der Liebe Christi und der Treue des ihn bejahenden Schöpfergottes. „Die Gemeinschaft, an die er sich im Gelübde der stabilitas von der Lebensweise und vom Ort her bindet, wird zur Stätte, an der der Benediktiner das Bleiben in der Liebe Christi immer neu erfährt und lernt. In der Beständigkeit baut die Liebe Gottes dem Mönch ein Haus auf Zeit, das seinem Leben Halt, Zusammenhang und Frieden schenkt.“

Das Hören und das Schweigen sowie die Demut sind die Ingredienzien des Benediktinischen. Ihnen zu folgen, bleibt ein lebenslanger Prozess. Hören ist das erste Wort in der regula benedicti. Im Prolog lautet der erste Satz: „Höre, mein Sohn, die Lehren des Meisters und neige das Ohr deines Herzens und nimm bereitwillig die Mahnung eines so gütigen Vaters auf und erfülle sie durch die Tat, auf dass du durch die Mühe des Gehorsams zu dem zurückkehrtest, von dem du dich durch die Nachlässigkeit des Ungehorsams entfernt hast.“ Hören heißt natürlich genau hinhören, die Ohren aufsperren, doch gemeint ist das Ohr des Herzens: Aufmerksamkeit, Sensibilität, Geduld und Lernfähigkeit sind vonnöten. Ohne Regeln kann das Leben nicht gelingen.

Das Schweigen gehört zum inneren Leben ebenso dazu. Wer schon mal für einige Tage in einem Kloster zu Gast war, wird die wohltuende Ruhe schnell bemerken, die aber bald schon in innere Unruhe umschlagen kann, wenn die Innengeräusche unseres Selbst unerträglich laut werden. Das Hineinhorchen in uns will erst eingeübt werden, es geschieht nicht von alleine. Nichts geschieht, ohne dass wir es auch wirklich zulassen.

Das Schweigen ist das Gegenteil der Rede. Im 7. Kapitel seiner Regel schreibt Benedikt daher: „Es steht ja geschrieben: Bei vielem Reden geht es ohne Sünde nicht ab. Und anderswo: Tod und Leben stehen in der Gewalt der Zunge. In der Tat, Reden und Lehren kommen dem Meister zu, Schweigen und Hören aber schickt sich für den Schüler.“

Die wahre menschliche Größe – und zwar nicht nur im Kloster – ist die Demut. Sich nähern kann man sich der grundlegenden Bedeutung dieses Begriffs im religiösen Sinne. Hier ist Demut geradezu gleichgesetzt mit einer überaus vorbildlichen Eigenschaft eines wahrhaft gläubigen Menschen.

Annähern kann man sich der Demut auch, wenn man auf ihre perspektivische Bedeutung schaut. Hier nämlich geht es um das Verhältnis von Gott und Mensch, von Schöpfer und Geschöpf. Eng damit verbunden ist die innere Einstellung zu Gott. Gegenüber ihm ist der Mensch natürlich klein und hilfsbedürftig und sein Leben abhängig von Faktoren, die er selbst kaum wesentlich beeinflussen kann.

Der Mensch ist vielmehr aufgerufen, seine Position in der Welt zu bestimmen. Der Gläubige tut dies mit Blick auf seine Kreatur im Verhältnis zum Schöpfer, also zum Creator. Bei einer gesunden Selbsteinschätzung kann er dann zum Ergebnis kommen, dass er gegenüber Gott und dessen Macht und Weisheit sich klein und unbedeutend vorkommt – aber das bezieht sich nur auf sein Verhältnis zur Unerreichbarkeit und Unerkennbarkeit Gottes.

Manche Kritiker werfen Gläubigen und der Kirche gerne vor, die Menschen dadurch in einer Abhängigkeit zu halten, die keinen Raum für Entwicklung und eigene Entscheidungen zulässt. Der Wert des Menschen kann aber in Wahrheit erst in Beziehung zu Gott definiert werden. Denn der Mensch ist Abbild Gottes, wie es in der Bibel heißt, und hat seinen eigentlichen Wert erst durch seine Geschöpflichkeit in einer tatsächlichen Abhängigkeit von dem Ewigen.

Anders ausgedrückt: Der Mensch wird zum Menschen erst im Hinblick auf den, dem er sein Dasein überhaupt verdankt. Leben ist immer verdanktes Leben, Gott verdanktes Leben. Und in diesem Verhältnis ist das Wort der Demut ganz und gar angebracht. Und zwar ohne dass dem Wert des Lebens irgendetwas fehlen würde.
In diesem Sinne äußerte sich Papst Johannes XXIII.: „Mein demütiges und nun langes Leben hat sich entwickelt wie ein Knäuel unter dem Zeichen der Einfachheit und Reinheit. Es macht mir nichts aus anzuerkennen und zu wiederholen, dass ich nichts bin und nichts gelte als ein reines Nichts. Der Herr ließ mich aus dem armen Volk geboren werden und hat an alles Übrige gedacht. Ich habe ihn machen lassen."
Für Meister Eckhart ist die Demut die Grundvoraussetzung christlichen Lebens. „Das sicherste Fundament, auf dem die Vollkommenheit sich zu erheben vermag, das ist die Demut; denn wessen Natur hier in der tiefsten Niedrigkeit kriecht, dessen Geist fliegt auf zur höchsten Höhe der Gottheit." In den Gegensatzpaaren von „tiefster Niedrigkeit" und „höchster Höhe" und „von Geist" und „Natur" liegt der Spielraum der menschlichen Demut, die immer wieder ins Verhältnis gesetzt werden muss zwischen der Erhabenheit Gottes und der Abhängigkeit des Menschen von ihm. Der Demütige erkennt und akzeptiert aus freien Stücken, dass es etwas für ihn Unerreichbares, Höheres gibt, das er nie erreichen, aber dem er sich immer annähern

kann in dem Abstand, der dem Geschöpf im Verhältnis zu Gott zukommt.
Fridolin Stiers Übersetzung des 1. Petrusbriefes mag dies veranschaulichen: „Unterwerft euch den Ältesten; macht euch alle bereit, gegeneinander niedriggesinnt zu sein, denn: Gott stellt sich gegen die Hochmütigen, den Niedrig gesinnten aber gibt er Gnade. Macht euch also niedrig unter der gewaltigen Hand Gottes, damit er euch erhöhe zur rechten Zeit. Alle eure Sorgen werft auf ihn, denn ihm geht es um euch." (1 Petr 5,5-7) Diese tiefgründigen Sätze bringen sie doch ganz klar zum Ausdruck, dass es nicht um ein Kleinmachen und Runterziehen des Menschen geht, sondern ganz im Gegenteil um die unverbrüchliche Würde, die Gott seinen Geschöpfen gewährt und sie mit seinem Liebesstrom umschließt. Und so kann man auch im Alten Testament bereits in den Sprüchen nachlesen (15,33): „Die Folge der Demut und der Furcht des Herrn ist Reichtum und Ehre und Leben." In seinem Brief an die Philipper (2,2-5) schreibt dann Paulus – wiederum in der Übersetzung Fridolin Stiers: „So erfüllt das Maß meiner Freude: dadurch dass ihr desselben Sinnes seid, dieselbe Liebe habt, eines Lebens, eines Sinnes abhold aller Ehrsucht und leerem Geprahle. Vielmehr: In Niedrigkeit achte einer den anderen höher als sich selber. Jeder achte nicht nur auf das Eigene, sondern jeder auch auf das der anderen. Seid so unter euch gesinnt, wie ihr seid in Eins mit dem Messias Jesus."

Spiritualität des Sterbens

Der Mensch, ein Gedanke Gottes

Das Thema „Sterben und Tod“ wird in unserer Gesellschaft weitgehend ausgeblendet. Wenn es nicht gerade um den eigenen Tod geht, sind dafür die sogenannten Spezialisten zuständig. Denn gestorben wird in der Regel nicht in den eigenen vier Wänden, sondern im Krankenhaus oder im Altenheim. Ohne dies zu werten, kann festgestellt werden, dass fast jeder dieses Thema verdrängt. Sterben tun die Anderen – und ich selbst habe damit noch Zeit bzw. vermeide es, darüber nachzudenken. Das ist schade, beraubt man sich selbst dadurch einer zutiefst lebensbejahenden Erfahrung. Das hört sich zunächst paradox an, aber der Zusammenhang zwischen Sterben und Leben liegt in dem dialektischen Verhältnis, also der Wechselwirkung, zwischen dem Dasein im Leben und dem Dasein im Tod – für christlich geprägte Menschen zumindest.
Menschen atheistischer Anschauung leugnen Gott, obwohl in dieser Aussage bereits die Feststellung einer solchen Wirkmacht vorausgesetzt wird, auch wenn man nicht darüber spricht. Wer Gott leugnet, setzt ihn bereits voraus. Dennoch gilt: Atheisten „glauben“ daran, dass alle Möglichkeiten menschlichen Seins nur in der Realität, in die wir gestellt sind, denkbar sind. Alles andere sei Vermutung oder

eben ein Glaubensakt. Und den darf es eben nicht geben. Denn auf das Leben folgt nach Auffassung der Atheisten der Tod als ein absolutes Nichts.
Der christliche Glaube hingegen bekennt: alle Menschen sterben in ein neues Leben hinein. Christen sterben in Gott hinein. Gott als der ganz große und einzige Schöpfer handelt an seinem Geschöpf Mensch. Gott denkt Menschen. Er denkt jeden einzelnen Menschen gesondert, wie der Religionspädagoge Wolfram Kurz feststellt: „Der Mensch ist im Prinzip Gedanke Gottes. Ursprünglich ist es nicht der Mensch, der Gott erfindet, wie manche moderne Kritiker der Religion meinen. Ursprünglich ist es Gott, der Menschen erfindet. Die jeweilige Erfindung hat die Form eines Gedankens. Der Gedanke, in dem ein Mensch gedacht ist, steckt in ihm. Der Gedanke liegt ihm sozusagen zugrunde. Und da sich menschliches Leben im Wesentlichen als Gestaltung von Bezügen darstellt, ergibt sich die Frage, welchen Bezug der jeweilige Mensch zu demjenigen Gedanken, indem er gedacht ist, herstellt. Der Mensch als Gedanke gedacht ist der Mensch unter dem Aspekt seiner Möglichkeiten. Der Gedanke zeigt nicht nur beliebige Möglichkeiten auf, die verwirklicht werden können. Er zeigt den Menschen vielmehr auch in der Perspektive seiner Eigentlichkeit, welche aktualisiert werden soll."
Der Mensch als Gedanke Gottes findet seine Wesensbestimmung in seinem Innern. Er muss sie bergen wie einen Schatz und bewahren. Die höchste

Form des Gottesgedankens stellt sich dar in der Art und Weise, wie der Mensch sein Leben gestaltet. Der Mensch als ausgesprochenes Beziehungswesen tritt in Erscheinung in Bezug zu anderen Menschen und zu sich selbst. Der Mensch kann nur dann wirklich Mensch sein, wenn er zu sich selbst eine Beziehung hat. Das heißt: Er muss sich respektieren, bevor er andere respektieren kann und kann nur so eine personale Beziehung eingehen. Das schließt die Vorstellung mit ein, dass der Mensch dasjenige Wesen in der Natur ist, das eine ganz konkrete Aufgabe hat, die gebunden ist an seine Essentialität, also an sein Dasein, und an seine Existenz.

Wenn der Mensch ein Gedanke Gottes ist und dies auch wirklich glaubt, hat er in sich immer schon Gott. Sein göttlicher Funken wohnt ihm inne; jedoch kann dieser Funke nur „Gestalt" annehmen, wenn der Mensch sich auf seine wahre Wesensbestimmung auch einlässt. Und dies wiederum kann er nur in einem spirituellen Prozess der Annahme seiner selbst. So lässt sich mit Wolfram Kurz zusammenfassend sagen:

- dem Gedanken, in dem der Mensch gedacht ist, entspricht der Entwurf, der das „echte Sein" des Menschen darstellt.
- Der Gedanke ist in der Tiefe des Menschen angesiedelt. Er ist verborgen. Er muss deshalb entdeckt werden.
- Der Gedanke ist dem Menschen vorgegeben; das heißt: er ist an das Sein gekoppelt und bedarf keiner Existenzsicherung durch den Menschen.

- Der Gedanke ist das Wichtigste im Menschen. Denn ihn zu entdecken oder nicht zu entdecken, entscheidet darüber, ob Existenz glückt oder verunglückt.
- Der Gedanke ist nicht vom Menschen zu verändern.

An der Freiheit des Menschen liegt es, dem Gedanken, in dem er gedacht ist, zu entsprechen oder auch nicht.

Leben und Tod

Wenn ein Mensch im Sterben liegt, geschieht das nicht plötzlich einfach so. Wie der Wachstums- und Reifeprozess sich entwickelt und fortschreitet, so ist auch der Sterbeprozess in einer solchen Entwicklung eingebettet. Dass der Tod ein Teil des Lebens ist, ist zwar eine Binsenweisheit, jedoch wird genau diese von nicht wenigen Zeitgenossen entschieden geleugnet. Dazu bemerkt die vor einiger Zeit verstorbene evangelische Theologin Dorothee Sölle: „In der Tradition (und speziell zur Zeit des Mittelalters) ist der Tod nicht als Gegenteil vom Leben verstanden worden. Vielmehr gehörten Tod und Leben zusammen. Dass das heute nicht mehr der Fall ist, erschwert das Leben, mehr noch aber das Sterben.“
Wir sind Macher geworden. Wir machen die Welt, wir machen unser Leben. Und vor allem machen

wir den Tod weg. Wer das Sterben und den Tod leugnet und ihn für eine Krankheit oder das Schicksal hält, der verleugnet auch Niederlagen und Grenzen von der Machbarkeit der Welt und des Lebens. Der Tod gehört nicht mehr in die Lebenslandschaft der Macher und Sieger. Darum stirbt es sich so schwer bei uns. Insofern könnte man der Theologin Dorothee Sölle zustimmen: „Solange wir der Welt und uns selber gegenüber keine anderen Gesten haben als die der Sieger und Macher, also die imperiale Deutung des Lebens, kann es keine Schwäche geben, die eine Botschaft für uns enthielte, dann sind Krankheit und Tod ohne Fingerzeig ohne jeden Segen. Sie bleiben Feinde, und wir lernen niemals, dass wir Fragment sind und unser Sinn nicht nur in unseren Aktivitäten liegt."
Es gibt eine weitere Binsenweisheit, wonach alle Religionen aus dem Totenkult entstanden sind. Auch davon will unsere Gesellschaft nichts wissen, denn dann würden die Toten zu sehr mit einem Fingerzeig ins Leben zurückweisen. Man sagt zu Recht: Wie eine Gesellschaft mit ihren Toten umgeht, so geht sie auch mit dem Leben an sich um. Kein Platz für all das, was nicht machbar ist. Dabei gehören doch Endlichkeit und Ewiges Leben in einen tiefen Sinnzusammenhang und müssen von uns nicht zerrissen werden. Genau das, „teilt uns der alte Lehrer namens ‚Tod' mit. Er lehrt beides, das Lieben und das Sterben, er lehrt Gehenkönnen und die Liebe zu dem, der nicht vergeht."

Vielleicht lernen wir doch wieder unsere Toten zu lieben im Wissen um ihre Vollendung in Gott. Der Mensch als der Gedanke Gottes kehrt heim. Er ist in seiner eigentlichen Heimat angekommen.
Mehr Nähe geht nicht, mehr Sinn geht nicht, trotz aller Beschwörungen des Lebens und der Verdammung des als unsinnig gedeuteten Todes. Um wie viel leichter könnten die Menschen doch leben, lebten sie in ihrem Augenblick, in der Sekunde des Schmerzes oder des höchsten Glückes.
Stark wie der Tod ist die Liebe heißt es im Hohelied des Alten Testamentes. Was für ein wunderschöner Satz, den man sich über sein Leben schreiben könnte. Wer so liebt und lebt, fürchtet kann den Tod nicht fürchten. Im Tod findet der Mensch seine Eigentlichkeit in einem komplexen Lebenszusammenhang. Er „versteht" erstmals sein Leben in der Rückschau wie in einem Film. José Sanchez, Begründer der Tiefenphänomenologie schreibt: „Es ist ein allgemeines Gesetz der menschlichen Lebensform: Was Erfahrungen und Erlebnisse bedeuten, merken wir erst im Rückblick. Als Individuen und als Gattung laufen wir stets hinter uns her. So geht der Mensch unsicher durch das Leben – begleitet von einer unwiderlegbaren Gewissheit: Man wird älter. Die Kehrseite des Phänomens ist: Erst die Vergänglichkeit macht unser Leben einmalig und wertvoll. Was wir gerade erleben, kehrt als solches nie mehr wieder. Also kommt es darauf an, den Augenblick auszukosten."

Deshalb ist es wichtig, dass man das eigene Sterben – irgendwann einmal – bereits ins Leben integriert hat. Man weiß umso mehr vom Sterben, wenn man Sterbende erlebt hat. Dass es weniger ein letztes Aufbäumen ist, als vielmehr eine Gelassenheit – so habe ich es jedenfalls immer erfahren – die dem Sterben einiges von seinem Schrecken nimmt. Ich will nicht behaupten, dass das Dabei-sein beim Sterben einen Menschen oder einen Begleiter gefühllos werden lässt, sondern dass der Dabei-Seiende eine Erfahrung macht, wie er im Sterben des Anderen das Wissen um das eigene Sterben innerlich gelassen hinnehmen kann. Überspitzt formuliert kann man sagen: Man macht sich mit dem Sterben vertraut, weil das Sterben an sich nichts Schlimmes mehr ist, sondern ein Sich-fallenlassen in Gottes Schoß. Wer Frieden macht mit seiner eignen Vergänglichkeit, ist schon auf einem spirituellen Weg.

Gott sammelt unsere Spuren auf

Eine Spiritualität des Sterbens fällt eng mit der Spiritualität des Augenblicks zusammen. Das Gewahr werden des Lebens im Augenblick hat zur Folge, dass sich der Mensch selbst immer entgeht. Und die Frage, die auf der Zunge liegt, lautet: Wohin entschwinden meine Erlebnisse? Werden sie vielleicht irgendwo aufgehoben?

Der Gläubige hat die Antwort bereits: Gott selbst geht hinter uns her und sammelt unsere Spuren auf. Nichts geht verloren. Alles bleibt präsent in Gottes Ewigkeit. Das ist natürlich kein Ort in einem dreidimensionalen Lebensgefüge, sondern ist ein Wirk-Raum Gottes, der uns noch nicht zugänglich ist. Wir sterben dort erst hinein. Dort angekommen erfahren wir dann diese neue Wirklichkeit, die wir uns betend erhoffen: als einen Zustand der Glückseligkeit.

„Der Mensch entsteht, um zu leben, doch gleich bei seiner Geburt fängt er an zu sterben. Diese Grundbefindlichkeit erleben einige intensiv, bei anderen überwiegt die intellektuelle Betrachtung, die meisten versuchen sich davon abzulenken. Doch alle erleiden es, weil sie selbst das Phänomen sind: Ein Fass ohne Boden, dass nur das Unendliche auszufüllen vermöchte. Doch wie könnte Endliches Unendliches aufnehmen?!"

Wir erleben dadurch eine enorme Entlastung, die nicht hoch genug bewertet werden kann. Man kann von einer Hingabe sprechen; einer Hingabe an den Tod durch das Sterben in Gott hinein. Der Mensch kann sich hingeben, sich verschenken, ja sich darbringen in seiner ganzen Gebrechlichkeit und Verletzbarkeit und nicht zuletzt seiner Sehnsucht nach der wahren Heimat, die in uns wohnt und uns anrührt, die wir aber erst nach dem Tod als Heimat erfahren.

Ermunterung zum Inneren Leben

Wie schon festgestellt, ist jeder Mensch ein eigener Kosmos. Das gilt natürlich auch für die Wahrnehmung von Welt, für das eigene Denken, für das Gefühlsleben, für die Kommunikation und auch für das Innere Leben. Daher ist es schwer vorzugeben, was „zu tun" ist, um zu einem innerlichen Menschen, zu einem spirituellen Menschen heranzureifen. Ratschläge sollen nicht erteilt werden, weil in dem Begriff „Ratschlag" das Wort „schlagen" enthalten ist. Wer Ratschläge gibt, schlägt mit seiner eigenen Vorstellung auf den Suchenden ein und bedeutet ihm damit, wie das „zu gehen" hat. Ich bin überzeugt davon, dass jeder Mensch eine ihm gemäße Spiritualität leben kann, wenn er sich auf den geistlichen Weg einlässt. Und ich bin auch überzeugt davon, dass jeder eine ihm gemäße spirituelle Ausrichtung findet. Es braucht dafür Zeit und Geduld.

Wer spirituell leben will, macht sich auf einen Weg, ohne zu wissen, was ihm auf diesem geistlichen Weg begegnet, welche Erfahrungen er macht und mit welcher Einstellung er an sein Ziel kommt. Der große Mystiker des 16. Jahrhunderts, Johannes vom Kreuz, schreibt in seinem Buch ‚Empor zum Karmelberg': „ Das Verlassen des Weges ist das Betreten des Weges, besser gesagt, der Hindurchgang zum Ziel. Das Lassen der eigenen Weise ist das Eingehen ins Ziel, das keine Weise hat, es ist Gott. Der Mensch, der diese Stufe erreicht, hat keine eigene Weise mehr, er hängt nicht daran und kann nicht daran hängen – ich meine an der Eigenart seines Verstehens, Verkostens, Empfindens. Dennoch schließt er alle diese Weisen in sich ein, wie jemand, der nichts besitzt und doch alles besitzt."

Der Weg und das Ziel fallen in eins. Nicht dass ein Suchender schon das Ziel „hat", wenn er sich auf den Weg macht, jedoch bleibt das Ziel immer der Weg und das wiederum bedeutet: Der spirituelle Weg in die Innerlichkeit ist ein zielloser Weg. Wie sich die Wege, die wir in der Natur gehen, immer wieder verändern, so verändert sich der Suchende auf seinem Weg ans Ziel. Der Weg wird das Ziel und das Ziel bleibt der Weg. Weg und Ziel bedingen einander. Ganz gleich welches Ziel ich erreichen will, es entzieht sich auf dem Weg, weil das Ziel und meine Vorstellung vom Ziel sich immer wieder verändern. Geistlich leben wollen, heißt sich auf eine innere Veränderung einlassen. Ich bin morgen nicht derselbe wie in diesem Augenblick. Das hängt mit dem Phänomen der Zeit zusammen und mit der Gewissheit, dass ich als bedingter Mensch sterblich bin. Meister Eckhart hat dazu folgende Erkenntnis erlangt, wenn er in seiner Predigt 8 sagt: „Wir berühren die Zeit. Was die Zeit berührt, das ist sterblich." Johannes vom Kreuz drückt das auf seine Weise aus: „Um zu erlangen, alles zu genießen, suche in nichts Genuss. Um zu erlangen, alles zu besitzen, suche in nichts etwas zu besitzen. Um zu erlangen, alles zu sein, suche in nichts etwas zu sein. Um zu erlangen, alles zu wissen, suche in nichts etwas zu wissen. Um zu erlangen, was du nicht verkostest, geh dorthin, wo du nichts verkostest. Um zu erlangen, was du nicht weißt, geh dorthin, wo du nichts weißt. Um zu erlangen, was du nicht besitzest, geh dorthin, wo du nichts besitzest. Um zu werden, was du nicht bist, geh hin, wo du nichts bist.“ Diese Gedanken sind lyrisch und dennoch verstörend. Was sich wie ein Widerspruch liest, enthält die Wahrheit zwischen den Worten. Nicht jagen nach Ehre, Besitz, sie lösen nicht unsere Unruhe mit der Folge, dass unser Ich verloren geht. Wer aber sind wir, wenn wir uns selbst verlieren auf der ewigen Jagd nach dem, was wir als Glück bezeichnen? Letztendlich sind wir Getriebene der unstillbaren Sehnsucht. Wir sind in Ketten an uns selbst geschmiedet. Die Lösung von all dem ist – wie es Eckhart ausdrücken würde – ein „Lassen“ unseres zwanghaften Verhaltens, unserer zwanghaften Gedanken. Gott nur kann uns Sanftmut lehren: Nicht-Haben, Nicht-Besitzen-Wollen. Wenn wir uns auf den Weg machen, können wir unser Selbst finden.

Johannes vom Kreuz fasst dies in seinem Buch Das Lied der Liebe wie folgt zusammen: „Glaubt jemand, die Nähe Gottes stark zu empfinden, so hat das noch nichts mit Gottes Wesen zu tun. Gott bleibt dem Menschen verborgen, und als Verborgenen soll er ihn suchen. Wie tief die Erfahrung auch sein mag, so wird man doch nicht mehr von

Gott ergriffen. Ist man Dunkelheit, Trockenheit und Trostlosigkeit preisgegeben, darf man nicht annehmen, Gott sei ferner als bisher." Er ist derselbe Gott, wie ihn Moses im brennenden Dornbusch erlebt hat. Er wollte ihn sehen und konnte nicht hinschauen. Doch er war da und er hörte ihn. Er hörte auf ihn. Wenn auch wir auf Gott hören, unser Ohr ihm zuneigen, können wir ihn erfahren. In der Stille und im Schweigen. Wir brauchen Räume, um zur Besinnung zu kommen und zur Meditation. Für Edith Stein war es wichtig, vor Gott leer zu werden. „Um dies zu erreichen," schreibt die Karmelitin Waltraud Herbstrith, „muss man Gewalt gebrauchen, d. h. auch Nein sagen können zu äußeren Umständen, die uns bedrängen, zu Aufgaben, die auf uns lasten, zu inneren Problemen und Unsicherheiten. Das Befreiende, das die Meditation schenkt, ist, dass wir einmal alles loslassen, nicht mehr um uns selbst kreisen, sondern um einen anderen, um ein Gegenüber. Oft sind wir gar nicht fähig, irgendetwas zu Gott zu sagen. Wir sehnen uns einfach nach seiner Nähe, wollen bei ihm sein. Friede durchdringt uns, wir fühlen uns wie neugeboren. Dieser Friede gibt uns Kraft, auch in dunklen Stunden auszuhalten, in denen wir Gott nicht fühlen, vielleicht sogar an seiner Liebe, seiner Existenz, zweifeln."

Auch in dieser Anfechtung soll man die stille Meditation nicht aufgeben. Wir beten ja nicht, um von Gott befriedigt zu werden, sondern um ihm etwas zu schenken. Die Erfahrung des inneren Friedens bewirkt, dass wir uns hergeben und uns weniger wichtig nehmen. Zu Beginn werden es vielleicht nur kleine Minuten sein, aus denen dann Viertel- oder Halbestunden werden, in denen wir im Tagesablauf einmal ganz allein mit uns, mit Gott sein können. Zunächst wird uns dieses Innehalten im Betrieb des Berufslebens schwerfallen. Je mehr wir jedoch diese Pausen bewusst einlegen, stärken wir auch den Körper, den Atem an dieser Stille teilnehmen lassen, umso vertrauter wird uns diese Übung.

Eine Meditative Annäherung

Eine der schönsten Geschichten der Bibel ist die Berufung des Moses und dessen Begegnung mit dem Herrn im brennenden Dornbusch. Der Auftrag des Herrn an Moses: Zum Pharao gehen und sein Volk aus der Gefangenschaft Ägyptens führen. Gott sagt Mose, auf dessen Frage hin, wen er benennen soll, der ihm dieses Anliegen aufgetragen hat. Und dann folgt die tiefgründige Antwort, die die Gläubigen und die Theologen bis heute beschäftigen: „Ich bin der ‚Ich-bin-da'."

Wie kann man diese Selbstbezeichnung Gottes in ihrer ganzen Tiefe und Schönheit erfassen?

Denn wer bist du Gott, der du dich so nennst? Wer bist du für dein Volk Israel?

Wer bist du, Gott, für uns im 21. Jahrhundert?

Ich bin der Ich-bin-da für euch. Ich bin der, der mit dir geht. Ich werde der sein, der ich sein werde. Ich bin der euch immer Begleitende. Ich bin der dich durch dein Leben trägt, wenn du mich als den begreifst, der ich schon immer war, bin und sein werde. Ich bin der, den euer Leben nicht kalt lässt.

Ich bin derjenige, auf den ihr euch verlassen könnt, weil ich eben da bin, auch wenn ihr mich nicht als den erkennt, der einfach da ist und mehr ist als die Gegenwart es euch erahnen lässt. Ich bin, der ich bin und nichts sein kann als der, der ich bin, auch dann nicht, wenn ihr mich nicht erkennt oder gar verleugnet und bekämpft. Ich bin der ich bin, weil ich größer bin als euer Leben und ihr seid nur ein Teil von meiner Wirklichkeit, für die es keine quantitativen und qualitativen Kategorien gibt. Ich bin da, einfach da, und ihr könnt mir nahe kommen, doch werdet ihr mich nicht als den erkennen, der ich wirklich bin.

Ich bin mehr als ihr in eurer Sprache ausdrücken könnt, bin mehr als ein Bild oder eine Fotografie, bin mehr als ein Name, den ihr mir gebt, weil es meinen Namen bei euch nicht gibt, weil kein Name mich identifizieren kann. Ich bin. Ich bin einfach. Ich bin einfach ich. Bin mehr als ein personales Ich. Ich werde sein, was ihr euch nicht vorstellen könnt, weil eure Vorstellungswelt nur ein Sandkorn ist in der Wüste. Mehr als ein Stern in diesem und den anderen Universen. Ich bin der, der mehr ist als das Leben, das ihr euer Eigen nennt, mehr als das Leben auf dieser Erde und auf allen Erden, auf denen auch Leben herrscht.

Ich bin der Ich bin da, der den Begriff des Lebens übersteigt, weil ihr nicht wisst, was Leben überhaupt ist. Ihr könnt euch mir nähern, ohne mich je zu sehen, zu hören, zu fühlen. Ihr könnt mich nicht denken, weil ich mehr bin als alle Gedanken, auch die nicht, die ihr noch nie gedacht habt und denken werdet. Weil das Denken nicht an mein Ich-bin-da. heranreicht.

Aber ich bin da, weil ich der Unendliche der Unendlichkeit bin. Ich passe in kein Schema. Ich bin die Wirklichkeit außerhalb jeder Wirklichkeit. Ich bin der stets Andere und jede Sekunde wieder anders. Ich bin der ganz Andere der Andersartigkeit. Ich bin. Ich bin Ich.

Ich bin das Ich des Raumes, der über allen Räumen ist. Ich schaffe Raum und Zeit und bin doch außerhalb jeder Zeit. Ich bin über Zeit und Raum. Bin in den Sphären, die ihr weder physikalisch noch chemisch, weder in den Natur- noch in den Geisteswissenschaft fassen könnt. Das alles kann mir dienen, doch ich bin darüber hinaus.

Ich bin. Aber ihr seid nur, seid nur durch mich. Ihr kommt und geht. Ich aber bin immer da. Weil ich schon immer da war. Noch vor der Zeit und vor dem Raum. Das alles ist erst durch mich. Ihr werdet geboren, weil ich es will. Ich bin da. Schon immer und später immer. Über die Zeit hinaus und unabhängig von der Zeit und dem Raum. Ich bin der Brunnen ohne Tiefe, bin nicht auszuschöpfen. Ich bin die Quelle von allem, was ist. Ich. Ich bin ich. Und bin trotzdem bei euch. Ich bin der Unbegreifliche, der

Wortlose, der Konturlose, der Bildlose, der Stimmlose. Aber ich bin dennoch die Stimme des Lebens, der Klang der Musik, der Balsam für die Seele. Ich bin die Augenweide, die ihr nicht erfahren könnt. Denn ihr könnt mich nicht erfahren.

Aber ich bin in euch, um euch herum. Ich atme in euch und bin mehr als nur ein Atem. Es gibt keinen Vergleich. Bin. Bin. Ich bin. Ich bin der Ich-bin-da.

Ihr sucht mich, auch dann wenn ihr nicht sucht. Ich bin das Sein, das das Sein hervorgebracht hat. Ich bin über allem Sein und Seienden und ihr seid ein Teil von dem Teil, das das Sein ist und das nur ist durch mich. Weil ich es so will. Ihr seid. Aber ihr müsstet nicht sein, weil das Sein euch nicht benötigt um zu sein. Aber ich will euch, weil ich der Liebende bin. Der Liebende allen Seins. Und ihr seid meine Liebe. Und ihr liebt, weil auch ich liebe. Aber ihr liebt anders. Und ich werbe um eure Liebe, eure bewusste Entscheidung für mich, den einzigen, der absolut und bedingungslos liebt. Meine Liebe umfasst alles. Und ihr seid schon jetzt eingeschlossen in meine Liebe. Ich liebe euch und will, dass auch ihr liebt. Alles, was lebt und ist. Es soll eure eigene Entscheidung sein.

Ich bin der Ich-bin-da. Ich bin, mit dem ihr immer rechnen könnt. Ich habe unzählige Namen und ihr könnt mich anrufen bei Tag und bei Nacht. Ich schlafe nicht und ich wache nicht. Ich bin. Ich bin

Ich, der ist, weil er alles Sein umfasst. Und immer noch mehr. Ich bin das Mehr. Im Sein.

Ich bin in eurem Glück, das ich will. Doch ihr müsst Sorge tragen für dieses Glück. Ich habe euch verantwortlich gemacht. Für euch, euer Leben und das Leben der Mitseienden. Dem könnt ihr euch nicht entziehen. Weil ihr Verantwortung in euch tragt. Erst in der Verantwortung liegt die wahre Liebe, die ich euch geschenkt habe und mit der ihr Anteil erhaltet an der göttlichen Liebe.

Ich bin der Ich-bin-da. Und ihr kennt mich nicht, ihr wisst nichts von mir. Aber ihr könnt mich erahnen, wie man einen Luftzug wahrnimmt, den man nicht sieht, aber spürt und der mehr ist als nur Wind. Weil in diesem Luftzug das Leben an sich steckt, das Sein des Seins. Und ich bin über dem Sein. Weil nur ich bin. Wirklich bin. Aber ihr werdet mich nicht erfassen, nicht verstehen. Ihr könnt mich nicht ausrechnen wie eine Gleichung, nicht darstellen, in welcher Kunst auch immer. Denn ich bin der Nicht-Begreifbare, der nicht Greifbare, der nicht Handhabbare, der nicht Fassbare.

Aber ihr seid in meiner Liebe. Ich schenke euch die Liebe, damit auch ihr Teil seid meiner Liebe. Und ich will, dass auch ihr liebt. Mich, die Welt. Die Menschen und Tiere, die Pflanzen und Steine und Meere und Gebirge, alles Gewässer und Flüsse. Weil all das aus meiner Liebe stammt und ihr daran teilhaben könnt, wenn ihr mich liebt. Wenn ihr mich liebt, liebt ihr all das, was ich geschaffen und hervorgebracht habe.

Wenn ihr mich liebt, dann betet ihr zu mir. Dann habt ihr Kontakt mit mir. Und ich kann euch antworten. Anders antworten, als ihr es kennt. Denn ihr müsst in euer Inneres blicken. Dazu braucht ihr Zeit und Ruhe und den langen Atem, um mich verstehen zu können. Denn ich bin anders und darum findet ihr mich auch anders als ihr die Dinge finden könnt, die ich erschaffen habe und den Menschen als Krönung der Schöpfung. Ich will, dass ihr mich sucht, mit Leidenschaft, aber auch mit Verzweiflung; weil ich der ganz Andere bin. Euer Gebet sei Schrei und Lobpreis, sei Bitte und Verzweiflung, sei Dank und Anklage.

Doch sucht mich im Verborgenen, in eurem innersten Kern eures Selbst. Sucht mich. Im Getriebe des Alltags und in der Stille eures Hauses, in den Gotteshäusern und Elendsvierteln eurer Städte, sucht mich bei den Klugen und Dummen, bei den Reichen und Armen, bei den verlorenen Seelen und reichen Prassern. Urteilt nicht!

Sucht mich. Und ihr findet mich in den Ausgegrenzten und Beleidigten, den Verstoßenen, den Verachteten, bei Männern, Frauen und Kindern. Bei den Kranken, den Siechen, den Sterbenden und bei denen, die auch den Sterbenden nicht beistehen, weil sie nichts mehr fürchten als Krankheit und Tod. Sucht mich bei den Ehrlichen, den Lügnern, den Fragenden, Suchenden. Sucht mich bei denen, die aufgegeben haben in ihrem Leben mich und sich selbst zu suchen.

Sucht mich bei denen, die nach Antworten suchen, aber auch bei denen, die glauben immer schon auf alles eine Antwort zu haben. Sucht mich bei den Reumütigen, bei den Gefangenen, Süchtigen, Kriminellen. Vergesst die nicht, die auf ihren letzten Atemzug warten. Die nicht wissen, auf was sie eigentlich warten sollen.

Ich bin das Maß aller Dinge, an denen ihr nicht Maß nehmen könnt. Ihr könnt euch an mir reiben, mich verachten und verlachen, aber eines könnt ihr nicht. Mich einfach ignorieren und tot reden, weil im Reden über mich ich immer schon vorher anwesend war und bin. Ich bin die Brücke in ein anderes Land, das ihr nie erreichen könnt in diesem Leben. Auch mit Geld nicht kaufen könnt. In das ihr vielleicht von weitem schauen könnt wie viele der Propheten, die mich bezeugen und bezeugt haben. Die meine Söhne und Töchter sind. Weil sie mir nachgefolgt sind. Auf geraden Straßen, in Sackgassen und Einbahnstraßen, auf Feldwegen und auf den vielen Umwegen. Aber die mich immer gesucht haben und suchen werden, weil ich bin der ich bin der Ich bin da.

Nachtrag: Visionen von einer spirituellen Kirche

Ich habe einen Traum. Einen Traum von einer anderen Kirche. Von einer erneuerten Kirche, die den Menschen wirklich nahe ist. In der sie sich zuhause fühlen und eine Familie bilden, in der jeder den anderen stützt und schätzt. Eine Kirche, in der nicht Strukturen, Organisationsformen und Verwaltung von Gebäuden vorherrschen und jedes pastorale Gespräch dominieren. Sondern in der die Seele der Menschen im Vordergrund steht.

Dass die Kirche die Sehnsucht nach dem leidenschaftlichen Gott weckt, ihn immer wieder lebendig werden lässt. Dass die Kirche sich nicht aufspielt als Wächter der Dogmen und Lehrsätze, sondern den sündigen Menschen von dem verzeihenden und barmherzigen Gott erzählt und den Alltag der Menschen versteht. Dass die Hirten der Kirche und die Hauptamtlichen in ihrem Verkündigungsdienst den Gläubigen Perspektiven für ein spirituelles Leben aufzeigen. Eine Kirche, die jeden Einzelnen akzeptiert, so wie er ist. Dass die Kirche den Frauen Zugang zu allen Ämtern gewährt. Dass die Kirche zu einer Institution wird, die die Gläubigen als wahrhaftig, ehrlich, gütig, barmherzig erleben. Zu der sie Vertrauen haben, die sie schätzen und wirklich als „Mutter Kirche" erfahren.

Eine solche Kirche kann tatsächlich den Anspruch erheben, Sinngeberin des modernen Menschen zu sein. Eine solche Kirche wäre keine kalte Institution, sondern immer eine Versammlung von gutwilligen Menschen, die ihr Leben nach dem Evangelium unseres Herrn Jesus Christus ausrichten. Eine solche Kirche würde den Menschen wahrhaftige Lebensfreude vermitteln, jeder würde ihr gerne angehören, weil sie immer auf Seiten der Menschen ist.

Es ist eine Vision. Aber sie ist möglich, wenn die Verantwortlichen für das Überleben der Kirche in diesem Jahrhundert eintreten. Spirituell sollte die Kirche werden, alleine schon wegen der unzähligen Bücher und guten spirituellen Gedanken unserer geistlichen Vorbilder wie Bernhard von Clairvaux, Franz von Assisi, Katharina von Siena, Teresa von Avila und Johannes vom Kreuz, der kleinen Thérèse von Lisieux, Mutter Teresa sowie zahlreicher anderer Theologen.

Wir brauchen in unserer katholischen Kirche in allen pastoralen Bemühungen einfühlsame, kompetente Seelsorger mit einer großen Liebe zu Gott und den Menschen, keine Manager. Wir brauchen psychologisch geschulte Mitarbeiter, keine Betriebswirte.

Es geht ganz einfach gesagt immer um den leidenschaftlichen und barmherzigen Gott, der sich nach den Menschen sehnt, die er nicht bevormundet, sondern ihnen die Freiheit schenkt, sich gegen oder für ihn zu entscheiden. Mehr denn je gelten die Feststellungen von Kardinal Karl Lehmann: „Ich glaube aber, dass die Menschen heute sehr wohl wissen, dass sie immer wieder Gott und die Götter und die Götzen voneinander unterscheiden müssen. Aber wie oft machen wir doch Gott irgendwo zum Erfüllungsgaranten unserer Erwartungen, unserer Hoffnungen – und sind dann bodenlos enttäuscht, wenn es anders kommt, als wir es selbst wollten. Dazu kommt, dass wir auch den Weg der Gotteserfahrung, so wie ihn Jesus gegangen ist, nicht genügend mitgehen. Wir haben ganze Seiten im Alten und Neuen Testament nicht genügend vor Augen.

Unser Gebet ist oftmals viel zu blass und auch viel zu lebensfern geworden. Man denke nur an Hiob: Der alttestamentliche Beter, der schreit, der klagt, der leidet mit dem ganzen Körper und mit allen Sinnen. Nach der Tradition unseres Glaubens geht man immer mal wieder durch Nacht, Wüste und Trockenheit. Es ist ja nicht so, dass wir jeden Tag strahlen, dass wir Erfahrungen haben, wie auf dem Berg Sinai, sondern es gibt eben doch auch das verborgene Antlitz Gottes. Man kann auch sehr viel lernen von der modernen Dichtung, von dem, was man z. B. moderne Psalmen nennt. Auch sie heißen nicht umsonst Psalmen, weil sie der Gebetssprache des Alten und des Neuen Testaments nahe stehen. Auch in der bildenden Kunst der Gegenwart gibt es tiefe Transzendenzerfahrungen. Bilder geben tief zu denken."
Literatur, Kunst, Musik, Film und Ballett zeigen bisweilen Aspekte des Religiösen. Daher ist es

nicht nur sinnvoll, den kulturellen Ausformungen des spirituellen Lebens auf die Spur zu kommen, sondern die Künstler selbst durchaus auch als „Sprachrohre Gottes“ zu verstehen. Ich denke da an Kunstschaffende wie Josef Roth, Manés Sperber, Heinrich Böll, Martin Mosebach, Reinhold Schneider, Fjodr Dostojewski, Franz Werfel, an Filme wie Jenseits von Eden, Die Passion Christi, an Maler wie Leonardo da Vinci, Michelangelo, Botticelli, Lucas Cranach der Ältere, Raffael oder Tizian, an Komponisten wie Bach, Haydn, Mozart, Vivaldi, Telemann und andere, deren Werke bis heute die Spielpläne der Konzertsäle bestimmen.

Als ich in Krakau war, hörte ich eines Abends von einem jungen Pianisten Klavierwerke von Frédéric Chopin. Bis dahin zählte ich nicht gerade zum Freundeskreis der Musik Chopins. Aber dieser junge Künstler, der bereits mit mehreren Preisen ausgezeichnet war, spielte nicht nur virtuos diese Musik, sondern er lebte in seiner Interpretation. Er fühlte die schnellen Läufe, man sah seine Hände kaum noch auf den Tasten; Furios war er, einhämmernd, leise, fast andächtig, um dann wieder weit auszuholen. Wenn man glaubte, nun müsse der Schlussakkord kommen, holte er zu neuen Nuancen aus und riss den Zuschauer aus seiner Schlusserwartung heraus.

In diesen knapp 90 Minuten erlebte ich etwas Heiliges, das mich anrührte, das mit Sprache nicht mehr ausgedrückt werden kann, dass nur noch gehört und erlauscht werden kann. In manchen Sät-

zen schrieb der junge Künstler malerische Töne mit dem Konzertflügel – für mich jedenfalls fühlte es sich so an.
Das alles und noch weit mehr können wir nicht mehr aussprechen, vielleicht sogar nicht einmal mehr denken, sondern nur noch durch Noten erahnen oder durch Bilder erblicken und ganz in den Bann des künstlerischen Ausdrucks geraten. Und wir können, wenn wir uns darauf einlassen, in eine Wirklichkeit eintauchen – vielleicht nur für ganz wenige Minuten – die mit unserer so genannten irdischen Realität nur noch wenig zu tun hat. Das sind spirituelle Erlebnisse – wie das Eintauchen in ein Gemälde und wir Teil der Szenerie werden, in der wir selbst ein Stück des Kunstwerks werden, in dem wir uns davon berühren lassen. Tief in unserer Seele. Auf dem Seelengrund. Das sind dann spirituelle Erlebnisse in Reinform.
Spirituelle Ereignisse oder persönliche Erlebnisse können wir nicht einfach herstellen. Sie geschehen. Sicherlich dann, wenn wir selbst offen sind für das Einströmen Gottes in unser Leben.
Ganz zum Schluss soll der große Mystiker Johannes vom Kreuz zu Wort kommen. In seinem „Geistlichen Gesang“ schreibt er: „Das sollten die ach so ‚Aktiven‘ bedenken, dass sie der Kirche viel mehr Freude bereiten, wenn sie wenigstens einen geringen Teil der dafür verwendeten Zeit betend mit Gott verbringen würden, selbst wenn ihr Gebet noch sehr armselig wäre. Der Zuwachs an geistiger Kraft, den sie darin geschenkt bekämen, würde sie befä-

higen, mit einer einzigen Aktion mehr – und mit weniger Verausgabung ihrer Kräfte – zu bewirken als mit ihren tausend anderen. Was sie tun, heißt sich abplagen und doch so gut wie nichts, mitunter überhaupt nichts zustande bringen, wenn nicht gar Schaden zu machen. Gott bewahre uns davor, dass das Salz zu verderben beginnt. Was dann auch immer einer nach außen zu leisten scheint – auf den Kern geschaut, wird es nichts sein. Denn die guten Werke werden nicht anders als aus der Kraft, die einem von Gott kommt, getan. Oh, wie viel ließe sich darüber schreiben!“

Literaturempfehlungen

(Ich habe die Bücher aufgelistet, die zur Entstehung meines Buches in irgendeiner Art und Weise beigetragen haben bzw. aus denen ich zitiert habe.)

MARKUS ARNOLD,
Lebendige Quellen. Spiritualität in der Tradition großer Ordensgründer. Stuttgart 2003.

HANS URS VON BALTHASAR,
Die großen Ordensregeln, Stuttgart 1974.

BENEDIKT XVI.,
Beten. Die Kunst mit Gott zu sprechen, Augsburg 2013.

CHRISTOPH BENKE,
Kleine Geschichte der christlichen Spiritualität, Freiburg 2007.

KLAUS BERGER,
Was ist biblische Spiritualität?, Gütersloh 2003.

DAS NEUE TESTAMENT,
übersetzt von Fridolin Stier, München 1989.

DIE BIBEL,
Einheitsübersetzung der Heiligen Schrift, Stuttgart 1980.

DIE BIBEL,
Die Heilige Schrift des Neuen Bundes. Deutsche Ausgabe mit den Erläuterungen der Jerusalemer Bibel, Freiburg 1968.

MARTIN BUBER,
Ich und Du, Stuttgart 2008.

DERS.,
Das dialogische Prinzip, München 2009.

GERHARD DAUTZENBERG (u.a.),
Die Frau im Urchristentum. (=Sonderausgabe von Band 95 der Reihe „Quaestiones disputatae"), Freiburg 1986.

PETER DINZELBACHER und JAMES LESTER HOGG, Kulturgeschichte der christlichen Orden in Einzeldarstellungen, Stuttgart 1997.

EUGEN DREWERMANN,
Die Botschaft der Frauen, München 1999.

MEISTER ECKHART,
Werke, 2 Bde., hrsg. u. kommentiert v. Niklaus Largier, Frankfurt. a. M. 1993 (= Bibliothek des Mittelalters 20 u. 21)

DERS.,
Deutsche Predigten und Traktate, hrsg. und übersetzt von Josef Quint, 2. Aufl. Zürich 1979.

MARKUS GABRIEL,
Warum es die Welt nicht gibt, Berlin 2013.

GREGOR DER GROSSE.
Der hl. Benedikt, Buch II der Dialoge, lateinisch-deutsch, St. Ottilien 2008.

HANNA-BARBARA GERL-FALKOVITZ, METTE LEBECH (Hg.), Edith Steins Herausforderung heutiger Anthropologie, Heiligenkreuz 2017.

GISBERT GRESHAKE (Hg.),
Quellen geistlichen Lebens. Bd. 1: Die Zeit der Väter, Mainz 1980, Bd. 2: Das Mittelalter, Mainz 1985, Bd. 3: Die Neuzeit, Mainz 1990, Bd. 4: Die Gegenwart, Mainz 1993.

WOLFRAM KURZ;
Philosophie für helfende Berufe, Tübingen 2005.

JÖRG LAUSTER,
Die Verzauberung der Welt. Eine Kulturgeschichte des Christentums, München 2015.

KARL LEHMANN,
Es ist Zeit, an Gott zu denken, Freiburg 2000.

EMMANUEL LEVINAS,
Die Spur des Anderen. Untersuchungen zur Phänomenologie und Sozialphilosophie, München 1998.

BERNARD McGINN,
Die Mystik im Abendland, 4 Bde., Stuttgart 2010.

HARMUT ROSA,
Resonanz. Eine Soziologie der Weltbeziehung, Frankfurt 2019.

ANTON ROTZETTER,
Spirituelle Lebenskultur für das dritte Jahrtausend, Freiburg 2002.

KURT RUH,
Geschichte der abendländischen Mystik, 4 Bde., München 1990ff.

JOSE SANCHEZ,
Eine Krankheit unserer Zeit: Gier, Augsburg 2018.

MIRIJAM SCHAMBECK/HELMUT SCHLEGEL,
Franziskanische Akzente, Für ein gottverbundenes und engagiertes Leben, 6 Bde., Würzburg 2014.

MIRIJAM SCHAEIDT,
Hindurch ins Licht, Wege der Hoffnung im Geist der Benediktusregel, Würzburg 2012.

CHRISTIAN SCHÜTZ/PHILIPPA RAT (Hg.),
Der Benediktinerorden. Gott suchen in Gebet und Arbeit, Mainz 1994.

GEORG SCHWAIGER (Hg.),
Mönchtum, Orden, Klöster. München 1993.

DOROTHEE SÖLLE,
Mystik des Todes, Stuttgart 2003.

ANDREAS SPEER/STEPHAN REGH,
„Alles Wesentliche lässt sich nicht schreiben“. Leben und Denken Edith Steins im Spiegel ihres Gesamtwerkes, Freiburg 2016.

EDITH STEIN,
Edith-Stein-Gesamtausgabe, 25 Bände, Freiburg 2002 ff.

JOHANNES TAULER,
Predigten. Band I, Einsiedeln-Trier 1987.

JOHANNES VOM KREUZ,
Aufstieg auf den Berg Karmel, Freiburg 2003.

DERS.,
Die Dunkle Nacht, Freiburg 2005.

TERESA VON AVILA,
Das Buch meines Lebens, Freiburg 2001.

DIES.,
Die innere Burg, Zürich 1979.

KEES WAAIJMAN,
Handbuch der Spiritualität, 3 Bde., Mainz 2000.

ALFRED NORTH WHITEHEAD,
Prozess und Realität. Entwurf einer Kosmologie. Frankfurt 1987.